부동산
매수매도 타이밍
인사이트

부동산 매수매도 타이밍 인사이트

1판 1쇄 발행 | 2016년 11월 5일
1판 2쇄 발행 | 2016년 11월 10일

지은이 | 이장용
펴낸이 | 이재성
기획편집 | 김민희
디자인 | 엔드디자인
마케팅 | 이상준

펴낸곳 | 북아이콘
등 록 | 제313-2012-88호
주 소 | 150-038 서울시 영등포구 영신로 220 KnK디지털타워 1102호
전 화 | (02)309-9597(편집)
팩 스 | (02)6008-6165
메 일 | bookicon99@naver.com

ⓒ 이장용, 2016
ISBN 978-89-98160-25-8 13320

* 이 책은 저작권법에 의해 보호받는 저작물이므로 무단 전재 및 복제를 금합니다.
* 잘못 만들어진 책은 구입하신 서점에서 바꾸어 드립니다.

아파트 언제 사고
언제 팔 것인가?

부동산
매수매도 타이밍
인사이트

| 이장용(얼티메이텀) 지음 |

북아이콘

| 머리말 |

경제적 자유는 어떻게 얻어지는가

하루는 24시간입니다. 사람마다 다르겠지만 대략 7시간 정도의 잠을 자고요. 아침 7시에 집에서 나와 회사 일을 마치고 집에 도착하면 오후 8시가 훌쩍 넘습니다. 13시간 가까이나 회사와 관련해서 시간을 사용하는 것이지요. 결국 하루에 4시간만이 자유롭습니다. 이 4시간 안에서도 온전히 자신을 위해서 사용할 수 있는 시간은 몇 시간 되지 못합니다.

이렇게 우리는 자신의 소중한 시간의 대부분과 노동력까지 사용하고 그 대가로 급여를 받습니다. 우리의 시간과 노동은 신성한 것이기에 이렇게 신성한 것을 주고서 받은 우리의 급여도 신성한 것일 테지요. 하지만 이렇게 소중한 시간과 노동의 대가인 급여를 가지고 서울에 작은 아파트 하나를 구입하는 것이 여간 어려운 게 아닙니다. 신성한 노동력이 너무 낮게 평가받고 있는 것 같습니다. 이러한 현상은 시기별로 편차는 있겠지만, 과거에도 그랬고 현재도 그러하고 미래에도 그러할 것입니다. 하지만 많은 사람들이 이러한 현상의 정확한 원인을 알고 극복하려 하기보다는 부정적 인식과 불만으로 현상을 바라볼 뿐입니다. 결국 이러한 불공정한 현상을 해결할 실마리를 찾지 못한 채 말이지요.

자본주의 사회에서 생산의 3요소는 토지(부동산), 노동, 자본입니다. 생산은 결국 부가가치를 창출하는 것을 의미하는데요. 토지도 부가가치를 생산하고, 노동도 부가가치를 생산하고, 자본도 부가가치를 생산해낸다는 말입니다. 이렇게 3요소 모두 부가가치를 생산해내지만 과거부터 항상 가장 낮은 대우를 받아왔던 것이 바로 노동입니다. 그 이유는 간단합니다. 노동력은 누구나 일정 부분 가지고 있기 때문이지요. 반면 토지와 자본은 일부만이 소유를 하고 있고요. 결국 모두가 가지고 있는 노동보다는 한정된 자원인 토지와 자본이 더 나은 대우를 받아왔던 것입니다. 이러한 노동력 평가절하 현상이 앞으로는 개선될 수 있을까요? 주요국들이 4차 산업혁명을 준비 중에 있습니다. 4차 산업혁명은 결국 필요한 노동력을 점차 줄여나갈 것입니다. 안 그래도 흔하기에 제대로 된 평가를 못 받고 있는 노동력에 대한 대우가 좋아질 가능성이 더욱 희박해지는 것입니다.

한편으로 생산의 3요소인 토지, 노동, 자본을 모두 가진 사람들은 시간이 지날수록 더욱 부유해집니다. 3요소 중 2가지만 가지고 있는 사람도 시간이 갈수록 부유해지고요. 하지만 의외로 많은 사람들이 생산의 3

요소 중 가치를 가장 낮게 평가받고 있는 노동력으로만 현재의 상황을 돌파하려고 합니다. 현재의 불공평을 가져 온 가장 큰 원인이 노동력 가치의 평가절하임에도 불구하고, 그 문제의 근원인 노동력만을 가지고 해결을 하려고 하니 해결이 쉽지 않은 것입니다. 이러한 생각의 틀은 반드시 깨야합니다. 신성한 나의 시간을 조금이라도 더 되찾아 오기 위해서는 노동력 말고도 나를 위해 부가가치를 생산해낼 다른 요소를 반드시 소유해야 합니다.

그럼 생산의 3요소 중 무엇을 노동력과 함께 가져야 할까요? 우선 직장에 취업하여 자신의 노동력을 사용하고 있다면 자본을 활용하여 사업을 하기는 어려우니 결국 부동산(토지)을 매입해야 합니다. 평범한 대다수의 사람들이 자본을 조달하기 위해서는 은행을 활용할 수밖에 없습니다. 그럼 이러한 자본 조달비용(금리 또는 이자)이 낮을수록 부동산에 대한 수요는 몰리고 가격은 오르겠지요. 반대로 자본 조달비용이 올라가면 올라갈수록 자본에 대한 수요도 줄고 결국 토지에 대한 수요도 줄어들 테고요. 이러한 기본적인 원칙만 정확히 알고 있어도 생산의 3요소인 부동산을 적정한 가격에 구입할 시기를 알 수 있습니다.

부동산 시장은 가장 기본적인 금리 외에도 유동성, 정부 정책, 공급과 수요, 입지와 재건축 연한 등에 의해 움직입니다. 약간의 통찰력만 있다면 이러한 기본적인 정보들은 어렵지 않게 일상에서 얻을 수 있습니다. 하지만 의외로 많은 사람이 이러한 기본적인 정보들이 자신의 실제 삶과 크게 연관이 없다고 단정 지어버립니다. 이러한 기본적인 내용들을 실제 본인의 삶에 대입해 활용할 줄만 알아도 훨씬 자유로운 삶을 살 수 있음에도 말이지요. 그래서 이러한 기본적인 정보들이 부동산의 가격 변동에 어떠한 영향을 미치는지, 그리고 우리가 어떻게 이러한 기본적인 내용들을 부동산 투자에 활용해야 하는지에 대해 말하고 싶었습니다. 그리고 이러한 원리를 통해서 자신만의 인사이트를 갖고 멀게만 느껴왔던 부동산 투자에 자신감을 가지고 접근하기를 원했고요.

기본적인 원리를 알고 그 안에서 부동산 투자에 임한다면 부동산은 절대로 무서운 것도 나쁜 것도 아닌 우리의 소중한 시간을 되찾아줄 훌륭한 동반자가 되어줄 것입니다. 이 책을 사랑하는 저의 가족과 친구들 그리고 본인의 온전한 자유를 찾고자 하는 모든 분들께 드립니다.

머리말 – 경제적 자유는 어떻게 얻어지는가 • 4

1장 | 부동산 투자를 해야 하는 이유

1. 부동산이란 무엇인가?

부의 시작과 끝인 부동산 • 16

부동산이 갖는 본질적 가치 • 17

최악의 경우에도 가치가 남는 부동산 • 19

2. 대한민국의 부동산 사랑

작은 국토와 높은 인구밀도 • 25

대한민국 가계의 자산구조 • 27

대한민국 정부의 부동산 사랑 • 29

절세의 수단 및 부의 이전으로서의 부동산 • 30

3. 외국(중국)인의 대한민국 부동산 사랑

핵심 지역 주거형 부동산 투자 확대 • 34

중국인들의 서울 부동산에 대한 사랑 • 37

4. 장기 상승하는 부동산 가격

부동산 투자에 가장 중요한 요소들 • 39

금리와 유동성은 부동산 가격의 결정적 지표 • 48

5. 지속적으로 상승하는 주거비
- 대한민국의 주거비 수준 • 58
- 주거비는 지속적으로 상승 • 63

6. 부동산은 다른 투자자산에 비해 공정하다
- 부동산은 공정하고 편안한 투자가 가능 • 65
- 정부 정책을 통해 투자의 방향성 예측 가능 • 71

7. 근로소득만으로 부자가 되기 어려운 이유
- 종이화폐와 노동, 토지와 자본 • 74
- 자본주의 사회의 작동 원리를 명확히 이해해야 • 78

2장 | 대한민국 부동산 시장 인사이트

1. 현실성 없는 가계부채 공포론
- 서브프라임 모기지 사태의 본질에 대한 이해 • 83
- 대한민국 가계부채, 연체율·자산구조 면에서 양호 • 90

2. 일본과 대한민국 부동산을 연결하는 이유
- 일본을 제외한 대부분의 선진국 부동산 지속 상승 • 95
- 주요 국가들 중 일본만 부동산 장기 침체 • 97

3. 부동산의 가격을 결정하는 유동성

　　수요와 공급에 의해 가격이 결정되는 것이 아니다 • 101

　　유동성의 움직임을 관찰하고 예측하라 • 103

4. 화폐의 가치와 부동산 시장

　　자본주의의 시작 프랑스 혁명과 영국 혁명 • 105

　　부동산이 언제나 상승하는 것처럼 보이는 이유 • 108

5. 인구 통계와 부동산 시장

　　인구통계학적 관점은 당대에는 극복 가능 • 110

　　수도권 인구 증가 속도 여타 지역 압도 • 112

　　인구수 증가보다 빠른 가구수 증가율 • 116

　　주택수는 주요국 대비 여전히 부족한 상태 • 118

　　서울의 부동산이 장기적으로 가장 유리 • 120

6. 정부 정책과 부동산 시장

　　어떤 정부든 부동산 정책의 큰 그림은 완만한 상승 • 124

　　각 정부별 부동산 정책 • 126

　　분양가상한제 적용 여부에 따른 대응 필요 • 131

　　뉴스테이 사업과 밀접한 도정법 개정안 통과 • 133

　　뉴스테이는 부동산 판을 바꿔놓을 새로운 시스템 • 135

3장 | 부동산 언제 사고 언제 팔아야 하나

1. 매수 매도 타이밍 인사이트

금리 변동에 맞춘 투자 이해는 자산 증식을 도와준다 • 151

언제 사고 언제 팔 것인지에 대한 인사이트 • 154

2. 매수와 매도 투자의 변곡점을 찾아야 한다

변곡점을 찾는 것이 성공 투자의 지름길이다 • 160

부동산은 상대적으로 변곡점을 찾기 쉬운 투자처 • 162

3. 부동산 시장 10년(2018~2028)의 전망

2025~2030년 강력한 상승장 온다 • 166

주택 매수 대기자에 비해 턱없이 부족한 주택수 • 168

대한민국 역사상 최대의 재건축 재개발 시장이 열린다 • 174

시기별 부동산 시장 전망 • 176

  2017~2018년 부동산 시장, "폭락은 없다"

  2019~2023년 부동산 시장, "이 시기가 더 위험하다"

  2024~2028년 부동산 시장, "시장 회복과 재건축 르네상스"

4장 | 아파트 시장의 현재와 미래 전망

1. 서울 아파트 시장 변화와 전망

앞으로 10년간 가장 전망이 좋은 곳은 서울이다 • 191
2030 서울플랜, 아는 만큼 보인다 • 194
한강변의 가치는 시간이 갈수록 상승한다 • 198
대한민국 부동산의 기준 강남구 • 201
서울의 정중앙 용산 • 208
대표적 미래 일자리 창출 지역 강서구 • 213
DMC 수혜를 입게 될 은평구와 서대문구 • 218
새롭게 확장되는 동남권의 중심지 송파구 • 222

2. 1기 신도시와 주변 지역

1기 신도시의 가치는 재건축과 함께 부활한다 • 226
신도시의 대장 성남시 분당 & 판교 • 232
가성비 좋은 고양시 일산 & 삼송 • 234
학군 좋은 안양시 평촌 • 241

3. 2기 신도시와 기타 지역

앞으로 10여 년간 2기 신도시의 선호도는 지속된다 • 246
가격이 메리트인 김포 한강신도시 • 248
규모가 메리트인 화성 동탄신도시 • 254
대한민국 대표 경제자유구역 송도국제도시 • 259

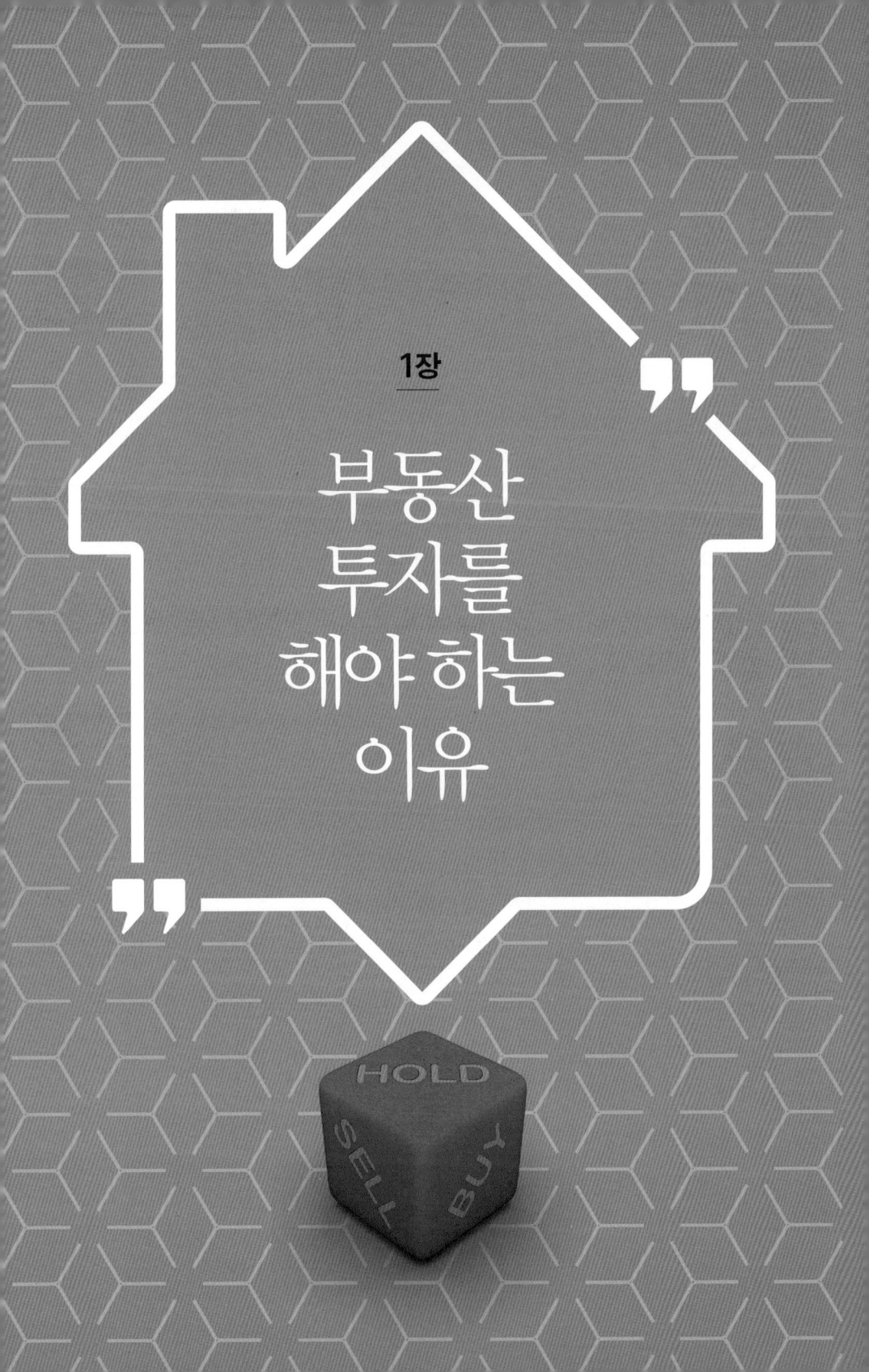

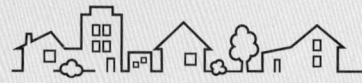

　부동산은 부가가치 창출의 원천이며 우리를 지켜주는 안식처입니다. 집이 갖는 의미는 단순히 잠을 자고, 밥을 먹고, 휴식을 취하는 것 이상의 의미를 가지고 있습니다. 인류가 생겨난 초창기부터 집은 자연환경과 외부 위협으로부터 인간을 보호해 주었지요. 현대사회에서도 자가 소유 집이 주는 안정감은 다른 어떤 자산의 소유와 비교 자체가 되지 않습니다.

　더욱이 현재 유지되고 있는 낮은 금리와 급격히 증가하는 유동성 확장은 자산 가치의 급격한 변동을 예견케 하고 있습니다. 이렇게 쉽사리 한치 앞을 예상하기 어려운 경제 상황에서 집은 우리에게 단순한 주거의 수단이 아닌 또 다른 의미로 우리를 보호해주는 안식처가 될 것입니다.

　최근 유례없는 통화량의 팽창은 여러 실물 자산들의 가격을 끌어올리고 반대로 화폐 가치는 하락시키고 있습니다. 부동산 역시 화폐 가치의 하락만큼 그 가격이 높아지고 있고요. 하지만 이렇게 많은 돈이 풀리면서 돈은 점점 흔해지지만 우리는 이 돈을 벌기 위해 과거와 동일한 나의 소중한 시간과 노동력을 사용하고 있는 것입니다. 결국 같은 집을 구입하기 위해 과거보다 더 많은 돈, 아니 더 많은 나의 시간과 노동력이라는 대가를 지불하여야 한다는 말입니다.

　흔히 집값은 장기적으로 보면 결국 오른다고들 하지요. 하지만 실제로는 집값이 오른 게 아니라 장기적으로 유동성이 증가하여 돈의 가치가 떨어진 것입니다. 집의 가치는 그대로 이거나 소폭 하락하더라도 돈의 가치가 더 빠르게 하락하여 집값이 오르는 것처럼 보이는 것이지요. 자본주의 사회에서 통화량 증가는 필연입니다. 그렇다면 집값은 결국 장기적으로 어떻게 변할까요? 오른다고요? 그것보단 돈의 양이 늘어나니 돈의 가치가 하락한다는 것이 더 정확한 표현일 것입니다.

우리는 언제나 현재를 중시하고 집중하며 살아갑니다. 더욱이 인터넷, 모바일, SNS 등의 발달은 사람들에게 더 바쁘고 빠르게 살아가라고 요구합니다. 이러한 요구들은 결국 우리를 현재에만 더욱 집중하게 만들어 버리는 것이지요. 모두가 이렇게 현재에 집중하는 사이에 조금만 더 먼 과거를 돌아보고, 이에 비추어 조금 더 앞을 바라보려고 노력한다면 많은 것들에서 답을 찾는 것이 조금은 쉬워질 것입니다.

부동산 투자 또한 동일합니다. 자본주의 사회에서 과거 부동산들이 어떻게 움직였는지를 살펴본다면 미래를 예상하는 데 많은 도움이 되겠지요. 과거에도 현재에도 부동산은 언제나 우리가 반드시 소유해야 하는 가장 중요한 자산입니다. 미래에도 크게 다르지 않을 것입니다. 무리한 대출로 다주택에 투자하는 사람들에게는 시기별로 조금 다른 이야기가 될 수도 있지만, 자신의 형편에 맞는 1주택의 소유는 언제나 우리의 자산을 보호하기 위한 첫 번째 경제행위인 것입니다.

부동산이란 무엇인가?

: 부의 시작과 끝인 부동산 :

여러분은 부동산 또는 토지에 대해 어떻게 생각하십니까? 단순히 투자의 재화라고 생각을 하시나요? 아니면 부정적인 시각으로 투기의 대상으로 보시나요? 둘 다 일정 부분 맞는 말일 수도 있지만 토지는 이러한 단순한 개념을 초월하여 인류의 시작부터 현재까지 함께 해온 재산 증식의 원천이었습니다. 더욱이 토지를 통해 계급과 계층까지 만들어졌지요. 말 그대로 모든 자산 중의 핵심이 부동산이었던 것입니다. 결국 부의 시작이자 사람으로서 보다 나은 삶을 살아가기 위해 도달해야 할 최종 종착지인 셈이지요.

부동산은 너무나도 중요한 자산입니다. 이렇게 중요한 자산인 부동산을 단순히 투기의 대상으로 바라보거나, 불로소득이라는 부정적인 인식이나 시기와 질투의 시선만을 가지고 바라본다면 그동안 수많은 시간과 노동력을 투입해 벌어들인 나의 소중한 자산을 지켜내는 것은 어려울 수밖에 없습니다. 더욱이 부동산은 어떠한 경우에도 본질적인 가치를 상실하지 않는 절대 가치를 지닌 자산이자, 인간 삶의 필수 요소인 의식주에 속하는 가장 중요한 자산이기도 하기 때문입니다. 우리는 어떠한 경우에도 주거를 필요로 하고 해결을 해야 하니까요.

주택을 소유한다는 것은 단순히 '오를 것이다 내릴 것이다.'라는 개념을 뛰어넘어, 다시 말해 시세차익이 아니더라도 본인이 거주하며 주거비를 아끼고 이를 바탕으로 새로운 투자의 발판을 마련할 수 있는 주춧돌이 되는 것입니다. 또한 본인 소유의 주택이 주는 안정감은 우리가 다른 일을 하거나 다른 투자를 할 경우에도 그렇지 않은 사람들보다 유리한 고지에 서게 만들어주기까지 합니다. 모든 재테크의 기본은 불안감을 극복하고 기다림을 돌파하는 과정을 필요로 하기 때문이지요. 기본적으로 부동산에 대한 이러한 본연의 가치를 이해하고 있어야만 부동산 소유의 이유와 확신을 가지고 장기적인 관점으로 투자 내지는 내 집 마련을 할 수 있는 것입니다.

⠸ 부동산이 갖는 본질적 가치 ⠸

토지가 얼마나 중요한 본질적 가치를 지닌 물건인지 좀 더 살펴보겠습니다. 부동산의 중요성은 인류의 기원과 함께 합니다. 인류는 수렵생활을 벗어나 정착과 농경생활을 하면서부터 토지 즉 부동산의 중요성에 대해 인식을 하게 됩니다. 처음에는 공동생산 공동분배를 하였지만 일부 머리 회전이 빠른 사람들이 토지의 중요성을 먼저 인식하고 토지를 사유화하기 시작합니다. 시간이 흐르면서 토지를 많이 가진 사람 즉 지주와 그 지주의 토지에서 농사를 짓는 소작농의 개념으로 발전하게 되지요. 결국 토지 소유의 유무에 의해 계급이 정해지고, 이것이 고착화되어 국가의 개념에까지 이르게 된 것입니다.

기본적으로 국가는 영토와 국민과 주권을 가지고 있어야만 성립이 가능합니다. 흔히 국가의 3요소라고 불리지요. 인류의 역사에서 대부분의 국가들은 이러한 3요소 중에서도 특히나 영토를 중요시하였기에 대부분의 전쟁이 영토 확장을 위하여 발생하게 됩니다. 이렇듯 국가들이 영토를 중시하며 전쟁까지 불사했던 가장 큰 이유는 토지가 부가가치 창출의 원천이기 때문입니다. 자본주의 사회에서 생산 즉 부가가치 창출의 3요소는 토지, 노동, 자본입니다. 21세기를 살고 있는 현재도 부가가치 창출은 대단히 중요한 국가 이슈이지요(최근에는 GDP로 수치화하고 있습니다).

이러한 부가가치 창출 확대를 위하여 영토의 확장은 필연적이었습니다. 인류의 역사가 영토의 확장을 위한 전쟁의 역사와 함께한 이유도 결국 토지가 가진 본질적 가치의 중요성 때문입니다. 이러한 토지에 대한 탐욕은 과거 산업이 발달한 국가들을 제국주의로 이끌었으며, 결국 인류 역사상 최악의 전쟁인 두 차례의 세계대전에 이르게 하였습니다. 두 차례의 세계대전은 인류에게 막대한 희생을 치르게 하였고, 이를 교훈으로 현재는 유엔 등의 국제기구를 통해 전쟁의 발발을 막고 공생하기 위한 노력을 하고 있습니다.

이러한 노력이 있음에도 현재 이 시각 세계 곳곳에서 영토에 대한 분쟁은 여전히 끊이지 않고 발발하고 있습니다. 가깝게는 우리나라의 독도 문제도 본질적으로는 영토 분쟁입니다. 독도 문제도 단순히 자긍심과 자존심의 문제가 아닌 독도라는 영토와 독도 인근의 자원까지 포함한 국가 자산의 이해충돌인 것입니다.

중국은 자국의 영향력 확대를 위하여 센카쿠 일대와 남중국해 일대의 영유권에 대한 욕심을 세계 최강국인 미국의 반대에도 불구하고 굽히지 않고 있습니다. 중국이 이렇게 무모하게 영토 확장을 위하여 노력하는 것은 해당 영토가 중국의 영향력과 부가가치 확대를 위하여 절대적으로 필요하고 가치가 있다고 판단하기 때문입니다. 이렇게 영향력 확대를 위하여 영토를 확장하려는 중국을 저지하기 위해 미국은 피봇 아시아(Pivot Asia) 정책으로 맞서고 있지요. 현재에도 이렇게 영토를 놓고 강대국들이 첨예하게 대립하는 이유 역시 땅이 가지고 있는 본질적인 가치 때문인 것입니다.

: 최악의 경우에도 가치가 남는 부동산 :

여러분은 실제 가치가 있는 것들과 가치가 있다고 믿어지는 것들을 구별할 수 있으신가요? 이걸 구별해낼 줄 알아야만 장기적인 관점에서 올바른 시각을 가지고 소중한 자산을 지킬 수 있습니다.

일반인들이 주로 고려하는 투자자산들에는 부동산, 주식, 채권, 환 투자 등이 있습니다. 혹자는 주식은 위험자산이고 채권은 안전하다고 합니다. 브렉시트 이후에 엔화가 안전하다고 하여 엔화로 많은 돈이 몰리기도 했었지요. 그렇다면 과연 채권이나 엔화가 안전한 자산일까요? 안전한 이유는 무엇일까요? 두 자산 모두 사실 신용 또는 약속에 불과합니다. 국채는 결국 미래의 국가 구성원이 갚아야 하는 빚입니다. 나중에 세금으로 걷어서 원금에 이자를 더해서 돌려주겠다는 약속 증서인 것이지요. 이러한 약속의 결과물인 국채가 안전하다고 하는 이유는 국가가 반드시 빚을 갚아 줄 것이라는 착각 때문입니다. 그러나 지난 몇십 년만 돌이켜봐도 국가가 돈을 못 갚겠다고 모라토리엄을 선언한 경우는 어렵지 않게 찾을 수 있습니다.

더욱이 앞으로 더 큰 문제가 될 수 있는 건 미국을 포함한 주요국들의 국가 부채가 점차 거대해지고 있다는 것입니다. 미래세대와 그 다음 세대의 세금으로도 충당이 안 될 규모로 국가 부채가 증가한다면 결국 미국이나 일본 등은 빚을 갚고 싶어도 갚지 못하게 될 것입니다. 채권은 보증이나 담보 없는 약속에 불과한데 갚지 않는다 하면 어떻게 우리의 자산을 온전하게 지켜낼 수 있을까요?

우리도 주변에 오랜 기간 정을 나누고 신뢰할만한 친구를 만들 수 있습니다. 금전 거래도 종종 했으며 언제나 이 친구는 어김없이 빚을 잘 갚아 주었고요. 그래서 이 친구와의 금전 거래는 안전하다고 신뢰합니다. 하지만 이 친구의 사업이 망하고 결과적으로 빚을 갚고 싶어도 갚지 못하는 상황이 되면 그간의 약속과 신뢰는 한순간에 깨지게 되는 것입니다. 그간의 약속은 아무런 의미가 없게 된다는 말이지요.

더 재미있는 것은 사실 엔화입니다. 일본의 국채를 대부분 일본 자국민이 사주기에 일본의 통화인 엔화도 안전자산이라고 이야기합니다. 엔화는 종이화폐 다시 말해 별다른 보증이나 담보 없이 찍어낸 종이에 불과합니다. 일본이라는 나라가 돈을 찍으며 '이 돈은 가치가 있는 것이야.'라고 약속을 해준 것이지요. 아직까지는 모두가 가치가 있는 것이라고 믿고 있을 뿐입니다.

일본도 국가 부채 비율이 대단히 높습니다. 이미 현재 걷어들이는 세금으로 국가 예산 자체를 짤 수가 없습니다. 국가 예산의 50%를 채권 즉 빚을 내서 정부 예산을 충당하는 거죠. 그런데 부채의 규모가 심지어 매년 커지고 있습니다. 그런데도 이러한 채권을 자국민이 대부분 소화해 준다는 이유 하나로 안전하다고 할 수 있을까요? 막연히 언론에 나오는 이야기들에 기대지 말고 잠시만 상식적으로 생각을 해 볼까요? 위에서 말씀드렸듯이 국채는 결국 미래세대의 세금으로 갚겠다고 약속을 하고 현재에 미리 당겨쓰는 돈입니다. 채권 발행에 들어가는 부대비용 말고도 이자까지 지급하면서 말입니다. 일본의 인구구조는 우리보다 앞서 이미 저출산에 진입해 미래세대들의 인구가 줄어들고 있습니다. 초고령화 사회로 노인들의 복지를 위하여 쓰일 국가 예산은 더욱 증가하고 있고요. 갚을 사람은 줄어드는데 돈을 쓸 사람은 늘어나는 것입니다. 지금도 국가 예산의 50% 이상을 빚을 내서 운영하는데 앞으로 이 빚이 점점 더 커질 수밖에 없는 것이지요.

우리나라의 국가 예산이 내년에 최초로 400조에 이른다고 합니다. 하지만 우리나라는 균형재정에 가깝습니다. 무슨 말인고 하니 세금이 400조 가까이 들어오고 이 세금으로 예산을 짜고 국가를 운영할 수 있다는 말입니다. 일본은 국가 예산이 1,000조 정도인데 세금으로 500조 정도뿐이 걷지 못합니다. 나머지 500조는 빚이지요. 일본이 당장 오늘 내일 혹은 몇 년 안에 무너져도 이상할 게 전혀 없습니다. 물론 몇 년 안에 무너지지는 않겠지요. 아니 당분간은 그럴 확률이 거의 없겠지요. 그럼에도 결국엔 시간이 지날수록 위험해지는 것이 자명한데 일본의 약속만을 믿고 엔화와 국채에 장기 투자하는 게 상식적으로 이치에 맞을까요? 지금처럼 채권을 남발하고 엔화를 찍어낸다면 사실 나라 전체가 빚더미에 올라 결국 일본이라는 국가 자체가 은행의 손에 넘어갈 수밖에 없습니다. 그리스처럼 은행의 손에 실물들이 대부분 넘어가겠지요. 아베노믹스 아래서 엔화를 마구 찍습니다. 엔화라는 물건이 마구 늘어납니다. 점점 흔해질 텐데 그 가치를 안전하게 오랫동안 유지할 수 있을까요? 서브프라임 모기지도 금융위기 발생 전날까지도 실제 안전한 투자 상품이라 사람들이 믿고 투자를 하였습니다. 관련 상품이 전 세계로 팔려 나갔고요. 일본이 패망 후 이제 불과 70년 정도가 흘렀을 뿐이고 일본의 채권과 엔화가 70년간 약속을 지켜왔을 뿐입니다. 지금처럼 빚의 규모가 크지도 않았었고요. 앞으로 몇 년을 더 갈지 아무도 모르지만 안전하다는 맹신은 뿌리 없이 자라고 있는 고목이 언제까지나 쓰러지지 않을 거라는 생각에 지나지 않습니다. 이렇게 안전하다고 선전되는 자산들이 실제 그 안전을 지탱해줄 뿌리 즉 아무런 보증 물건이 없기 때문입니다.

하지만 부동산의 경우는 최악의 경우에도 실제 물건, 더욱이 자본주의 사회에서 부가가치 창출의 원천인 토지는 남습니다. 어떠한 경우에도 결국 잔존 가치를 인정받을 수 있다는 이야기지요. 부동산만큼 안전한 자산은 인류의 기원과 함께 해온 금과 은 정도를 제외하곤 없습니다. 부동산의 장점과 가치는 이것뿐만이 아닙니다. 기본적으로 여러 투자재화들에서 개인들이 투자하여 많은 수익을 내기 어렵습니다. 가장 큰 이유는 개인들은 기다림을 돌파하여 수익을 얻기까지 인내하고 기다리는 것이 어렵기 때문입니다. 장기 투자에 약하다는 이야기이지요. 더욱이 요즘처럼 정보 획득이 쉽고 정보가 범람하는 시대에 사람들은 현재에 집중할 수밖에 없습니다. SNS를 통하여 빠르게 소통하며 실시간으로 현재 즉 지금 당장에 집중합니다. 하지만 이렇게 짧은 시간에만 집중하는 것은 장기적 관점으로 투자를 진행하고 수익을 위해 기다림을 돌파해 나가는데 방해만 될 뿐입니다. 매일같이 뉴스를 확인하고 기사를 읽고 일희일비하며 가슴을 조리기에, 올바른 선택을 하고 그 선택에 확신을 가지고 장기적 관점의 투자를 하기가 어려운 것이지요. 기다림의 돌파야말로 투자에서 승리하기 위해 가장 중요한 덕목임에도 말입니다.

이러한 측면에서 어떠한 경우에도 실제 물건이 남아 잔존 가치를 인정받을 수 있는 자산(부동산)과 그렇지 않은 자산을 구별해 내고 투자할 줄만 알아도 한결 편안한 마음으로 기다릴 수 있습니다. 장기적으로 마음의 평화 또는 확신을 가지고 투자에 나설 수 있다는 이야기지요. 이런 면에서 부동산은 다른 자산들보다 상대적으로 오래 보유하며 기다리는데 유리합니다. 더욱이 1주택자들에게 기다림의 돌파는 주거를 해결하며 삶과 함께 자연스럽게 이어질 수도 있습니다. 감당이 안 되는 대출의 다주택 투자는 당연히 금융부담이라는 리스크가 존재할 수밖에 없습니다. 하지만 투자 가능한 범위의 부동산에 투자한 사람은 언제나 이길 확률이 높습니다.

대한민국의 부동산 사랑

∶ 작은 국토와 높은 인구밀도 ∶

대한민국의 부동산 사랑은 꼭 수치화하지 않아도 불타는 사랑이라는 건 누구나 어렵지 않게 체감할 수 있습니다. 직장에 들어가 가장 먼저 만들어야 할 통장은 청약통장이며, 청약통장 1순위 가입자 또한 1,000만 명을 돌파하였지요. 이러한 대한민국의 부동산에 대한 사랑은 사실 어제오늘의 일이 아니며 오랜 기간 우리와 함께 하였습니다. 그 이유는 태생적으로 작은 한반도의 면적에 기인합니다. 현재 남한의 면적은 99,720제곱킬로미터입니다. 북한의 122,762제곱킬로미터보다도 작고 일본의 377,915제곱킬로미터와는 4배 가까이 차이가 납니다. 인구밀도를 보면,

| 세계 인구밀도 순위 | | | | | |

구분	국가 (또는 속령)	면적 (km²)	면적 (mi²)	인구(명)	인구밀도 (명/km²)
1	Macau(China)	30.3	12	643,100	21,224
2	Monaco	2.02	0.78	37,800	18,713
3	Singapore	719	278	5,535,000	7,697
4	Hong Kong(China)	1,104	426	7,234,800	6,571
5	Gibraltar(UK)	6.8	2.6	29,873	4,268
6	Vatican City	0.44	0.17	800	1,818
7	Bahrain	757	292	1,472,483	1,945
8	Malta	315	122	426,149	1,353
9	Bermuda(UK)	53	20	66,449	1,254
10	Bangladesh	143,998	55,598	160,478,642	1,114.45
11	Sint Maarten (Kingdom of the Netherlands)	34	13	37,429	1,101
12	Maldives	298	115	317,280	1,065
13	Jersey(UK)	116	45	97,857	844
14	Guernsey(UK)	78	30	62,431	800
15	Palestinian Territories	6,020	2,324	4,550,368	756
16	Saint Martin(France)	54	21	36,979	685
17	Taiwan(ROC)	36,191	13,973	23,410,280	647
18	Barbados	430	166	274,200	638
19	Mauritius	2,040	788	1,259,838	618
20	Mayotte(France)	374	144	212,600	568
21	San Marino	61	24	33,028	541
22	Aruba(Kingdom of the Netherlands)	193	75	101,484	526
23	South Korea	100,210	38,691	50,423,955	503

구분	국가 (또는 속령)	면적 (km²)	면적 (mi²)	인구(명)	인구밀도 (명/km²)
24	Lebanon	10,452	4,036	4,966,000	487
25	Nauru	21	8	10,084	480
26	Rwanda	25,314	9,774	11,262,564	445
27	Tuvalu	26	10	11,323	436
28	Saint Barthélemy (France)	21	8	8,938	426
29	Comoros	1,861	719	784,745	422
30	Netherlands	41,526	16,033	16,930,322	407.7

출처 : http://www.numbeo.com/property-investment/rankings.jsp

대한민국의 인구밀도는 503명으로 세계 23위입니다. 하지만 실질적으로 도시국가 또는 소형 국가들을 제외하고 인구 1,000만 명이 넘는 국가들 중에서는 방글라데시와 대만 다음인 세계 3위의 인구밀도입니다. 좁은 국토와 높은 인구밀도는 구조적으로 대한민국이 부동산과의 사랑이 식어 결별하기 어려운 가장 큰 이유 중 하나입니다.

: 대한민국 가계의 자산구조 :

대한민국 가계의 자산구조에서 부동산이 차지하는 비율은 70% 이상입니다. 주요국들과 비교하여도 상당히 높은 수준입니다. 일부에서는 대한민국 가계의 자산에서 부동산이 차지하는 절대 비중이 높기 때문에 대한민국 가계가 불안하다고 이야기합니다.

금융자산을 늘려야 한다는 이야기들도 뉴스를 통하여 어렵지 않게 접할 수 있습니다. 맞는 이야기일까요? 양적완화와 금리 인하 등을 통하여 주요국 중앙은행들이 쉬지 않고 종이돈을 찍어내고 있습니다. 점점 종이돈이 늘어나는 거죠. 더욱이 종이돈엔 아무런 보증이나 담보도 없습니다. 그나마 1970년까진 금과 일정 부분이라도 연결이 되어 보증이 되었지만 지금은 그마저도 안됩니다. 단순히 '돈은 가치가 있다.'라는 믿음으로 가치를 유지하고 있는 것이죠. 이러한 믿음이 깨지지 않고 유지되더라도 종이돈을 계속해서 찍어내는 한 돈의 가치는 내려갈 수밖에 없습니다.

토지는 한정되어 있고 종이돈은 각 나라들이 끊임없이 찍어내고 있습니다. 상식적으로 어떤 걸 들고 있는 것이 장기적으로 안정적이겠습니

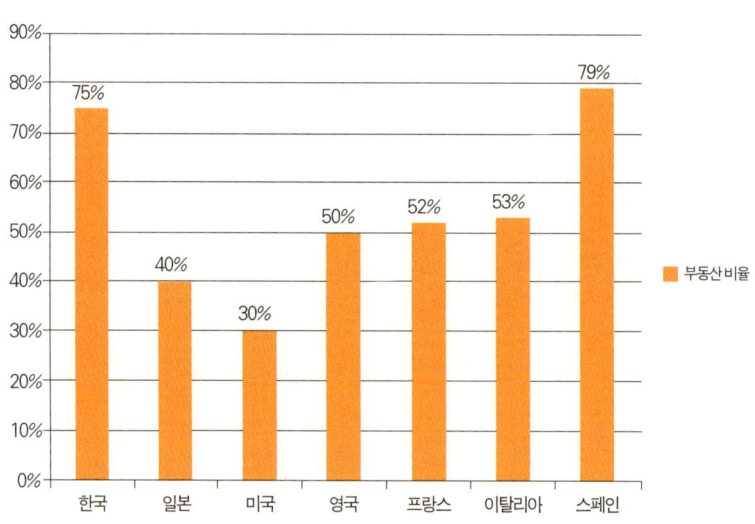

| 글로벌 국가 부동산 비율 |

출처 : 닥터아파트

까? 금융자산으로 분류되는 증권은 변동이 심하고 개인과 거대자본이 획득하는 정보의 질적 차이가 터무니없이 큽니다. 더욱이 주식은 언제라도 종이가 될 수도 있지만 부동산은 언제나 잔존 가치가 남아 있지요. 금융자산 비율이 가장 높은 미국은 금융위기의 진원지였으며, 미국 발 금융위기는 부동산 폭락이 가져온 위기가 아닌 서브프라임 모기지 상품을 증권화 즉 금융상품화해 과도하게 판매하여 발생한 금융사기 사건입니다. 이 사건으로 해당 금융상품에 투자를 한 개인들은 막대한 손실을 보아야만 했습니다. 부동산이 아닌 금융상품의 허망함을 단적으로 보여주는 사례이지요. 하지만 사람들은 금융위기가 부동산 때문에 발생했다고 잘못 인식하고 있습니다. 당시에도 부동산을 온전하게 보유한 사람은 그 가치가 일시적으로는 하락하였지만 결국 잔존하여 최근에 전 고점을 다시 돌파했음에도 말입니다. 오히려 당시 금융상품과 금융권의 채권과 주식 등을 보유한 개인들은 대규모 손실을 보았고 회복을 못했음에도 말이지요.

: 대한민국 정부의 부동산 사랑 :

앞서 본 것처럼 대한민국 가계의 자산에서 부동산이 차지하는 비중은 70% 이상입니다. 부동산에 대한 관심과 애정이 상당히 높을 수밖에 없습니다. 자가보유 비율은 53~58%선을 유지하고 있고요. 정부라는 것은 결국 정치 행위를 통하여 승리한 정치인들에 의해 구성됩니다. 승리는 사람들의 표에 의해서 결정이 되고요. 부동산에 대한 사랑이 깊고 자가보유 비율이 50%를 넘는 상황에서 대한민국 부동산을 정책적으로 폭등이나 폭락으로 유도하는 정치인이 승리할 수 없습니다. 진보와 보수 모두 부동산이 완만하게 안정적으로 상승하는 것을 정책적으로 지원할 가능성이 높은 것이지요. 과도한 상승기엔 일정 부분 속도 조절에 나서고, 부동산이 침체에 빠지면 부동산 일병을 구하기 위한 정책들을 시장에 내놓을 수밖에 없는 것입니다. IMF 외환위기 이후 김대중 정부는 침체되어 있는 부동산 시장을 부양하기 위하여 내놓을 수 있는 모든 카드를 내놓았으며, 금융위기 이후에 부동산 시장이 침체에 빠지자 MB정부와 박근혜 정부 모두 부동산 규제 및 세금 등을 완화하여 부동산 부양에 정책을 집중하였습니다. 정부별 정책은 뒤에서 별도로 살펴보도록 하겠습니다.

: 절세의 수단 및 부의 이전으로서의 부동산 :

최근 강남권을 중심으로 부동산의 소유권 이전이 활발하게 이루어지고 있습니다. 〈온나라부동산정보3.0 통합포털〉을 통해 건축물 거래현황을 조사한 결과, 작년 1년 간 전국의 증여 거래는 총 86,549건이며 서울에서만 13,308건의 증여가 이루어졌습니다. 특히 강남3구가 강남구 1,258건, 서초구 756건, 송파구 609건 등 총 2,623건으로 20% 정도의 비중을 차지하였습니다. 서울의 자치구가 총 25개인데 강남권 3개의 구가 20%의 비중을 차지하고 있으니, 증여 거래가 강남권에서 가장 빈번하게 발생하였음을 확인할 수 있습니다.

부자들이 가장 많이 모여 산다는 강남권에서 증여가 활발하게 이루어지는 이유는 세금을 절약하기 위해서입니다. 최근 부동산 시장이 오랜 침체에서 벗어나 살아나자 자산가들이 부동산 가격 상승을 예상하고 있기 때문이지요. 실제 상속을 하여야 하는 시기에 부동산 가격이 올라 있으면 더 많은 세금을 내야 하기에 실제 상속시점보다 이른 시기에(가격이 낮은 시기에) 증여를 통해 세금을 절약하겠다는 생각인 것입니다. 더욱이 실거래가를 기준으로 세금을 부과하는 매매와는 다르게 증여는 기준시가를 적용받아 세금이 책정되기 때문에 상대적으로 세금 절감 폭 또한 큽니다.

덧붙여 우리는 자신이 어렵게 만들어낸 소중한 자산이 온전하게 대를 이어 커져가기를 원하는데요. 부동산의 증여를 통하여 자녀들에게 온전하게 부를 이전해주는 것이지요. 부동산의 가격이 오르면 추가적인 부의 증식이 이루어지는 것이고, 그렇지 않은 경우에도 자녀들의 삶에 필수인 주거를 해결해주니 결국 자녀들은 주거비를 절감할 수 있고 이는 자연스럽게 새로운 부를 만들어낼 수 있는 근간이 되는 것입니다.

부자가 되기 위해서는 부자가 많은 곳에서 살라는 말이 있습니다. 그들의 삶의 패턴과 습관을 자연스럽게 듣고 볼 수 있기 때문이지요. 부자들에게는 부자가 된 이유가 존재하고 그들만의 행동양식이 존재합니다.

단순히 우연의 산물은 아니라는 말이지요. 좀 더 여유로운 삶을 살고 싶다면 부자들의 패턴을 읽고 따라가려 해야 합니다. 결국 생각의 작은 차이와 작은 행동 패턴과 습관들이 모여져 커다란 차이를 만들어내기 때문입니다.

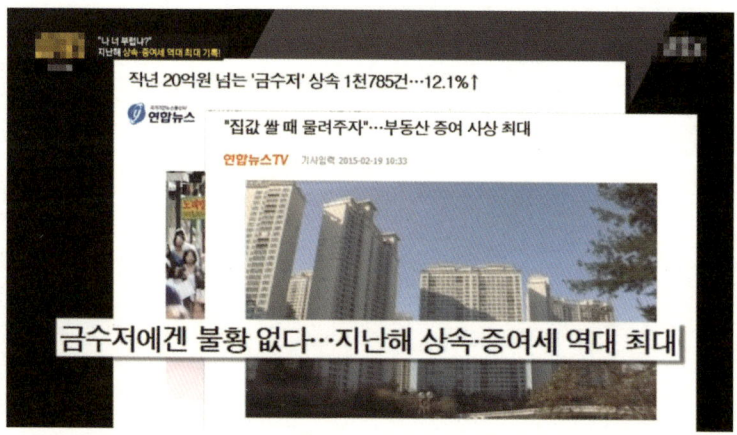

출처 : JTBC 썰戰

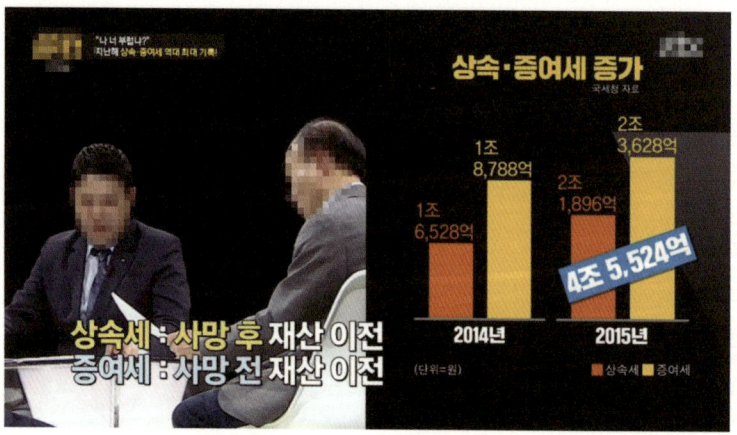

출처 : JTBC 썰戰

지난해 부동산 증여가 사상 최대치를 경신했습니다. 이러한 흐름은 지속될 수밖에 없고요. 증여를 위한 부동산 취득이 증가하고 있습니다. 우리나라 경제는 지난 60여 년 동안 급성장하였습니다. 이처럼 단기간에 급성장을 하는 과정에서 일부 세대들이 특별한 혜택을 받은 것도 사실입니다. 이와 같은 세대들이 자녀 또는 손주들에게 증여하기 위한 수단으로 부동산을 선택하고 있는 것입니다. 이러한 흐름은 이번 부동산 상승기에 더욱 가속화될 것입니다. 당분간 이러한 욕구도 부동산 신규 매입의 요인으로 작용하여 부동산 가격 결정에 영향을 줄 것이고요.

외국(중국)인의
대한민국 부동산 사랑

: 핵심 지역 주거형 부동산 투자 확대 :

점점 세계화가 진행되면서 대한민국의 부동산도 외국인들에 의하여 매입되는 규모가 매년 커지고 있습니다. 주로 토지와 건물에 국한되던 외국인들의 대한민국 부동산 투자도 최근 서울을 중심으로 주거형 부동산에까지 그 매입의 손길이 확대되고 있습니다.

지난 6년간 대한민국에서 거래된 건축물 중에 외국인이 매입한 거래 건수에 대해 살펴볼까요? 2010년 총 6,002건이었던 외국인 총 매매 건수는 점차 증가하여 5년 만인 2015년 14,570건으로 243% 급증하였습니다. 불과 6년 동안 누적으로 52,170건의 거래가 이루어졌는데요. 그 속도가 더욱 빨라지고 있다는 점을 심각하게 받아들여야 할 것 같습니

| 대한민국 건축물 매매 거래 현황 |

(단위 : 건)

구분	외국인 총 거래	외국인의 서울 거래	제주도 거래
2010년	6,002	1,964	82
2011년	7,046	2,772	151
2012년	6,321	1,903	359
2013년	7,199	2,153	553
2014년	11,032	3,540	1,207
2015년	14,570	5,151	910

출처 : 온나라부동산정보3.0 통합포털

다. 특히나 서울의 경우 건축물 가격이 상대적으로 고가임에도 불구하고 2010년 1,964건이던 외국인의 매입 건수는 2015년 5,151건으로 262% 증가하였으며, 6년 누적으로 17,483건이나 거래가 되었습니다. 외국인들이 점차 대한민국 핵심 지역의 부동산 투자에 집중을 하고 있다는 이야기입니다. 핵심 지역인 서울의 한정된 주택을 놓고 경쟁자가 늘어나게 되니 가격상승 압력이 강해질 것입니다.

참고로 제주도의 경우도 한번 볼까요? 2010년 82건이었던 제주도의 외국인 건축물 취득 건수가 2014년 광풍이 불며 1,207건까지 거래가 되었으며, 2015년에는 조금 주춤하여 910건이 거래되었습니다. 2010년 82건에서 2015년 910건으로 무려 1,110% 증가하는 모습을 나타냈네요. 그래프로도 한번 보겠습니다.

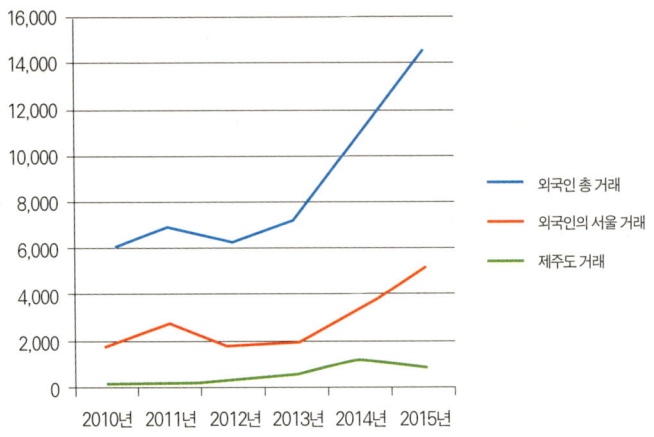

속도가 점차 빨라지고 있습니다. 이러한 속도가 느려지긴 어려워 보이고요. 더욱이 외국인 거래의 경우 장기 투자 성향이 강하기 때문에 매매했던 부동산들이 쉽사리 매매시장에 나오기도 어렵습니다.

여러 번 이야기하지만 부동산은 단순한 투자 재화이기에 앞서 부가가치 창출의 근원이며 우리가 살면서 반드시 갖춰야 하는 의식주 중의 하나입니다. 더욱이 세분화해서 보면 서울의 경우 역사적으로 그 유례를 찾기 힘들 만큼 600여 년이 넘는 기간 동안 풍수지리의 명당으로, 왕조의 도읍지로, 국가의 중심지로 대한민국의 수도로서의 지위를 유지해 왔습니다. 북한산을 비롯한 여러 산들로 둘러싸여 보호를 받고 있으며, 한강을 끼고 있어 수량 또한 풍부하여 풍수적으로도 완벽에 가까운 도시입니다. 더욱이 태평양 시대의 도래로 주요 권역으로 부상하는 동북아지역의 주요 도시들과의 접근성까지 훌륭합니다. 이렇게 서울의 부동산처럼 역사적으로나 위치적으로나 풍수적으로 매력적인 부동산은 세계 어디를 가도 찾기가 쉽지 않습니다. 외국인들 특히 자국 내 부동산 거래가 자유롭지 않고 영구 소유가 어려운 중국인들에게 서울은 시간이 갈수록 대단히 매력적인 부동산 투자처일 수밖에 없는 것이지요.

：중국인들의 서울 부동산에 대한 사랑 ：

이러한 외국인들 특히나 중국인들의 서울 부동산 매입은 장기적으로 확대되면 확대되지 규모가 축소되긴 어렵습니다. 위에서도 언급했듯이 외국인들의 부동산 매입은 매년 증가 추세에 있습니다. 더욱이 단기성 투자로 대한민국 부동산에 투자를 하는 것이 아닌 장기적 혹은 영구적인 소유를 위한 투자가 주를 이루고 있습니다. 특히나 대한민국 사람들에게도 반드시 필요한 서울의 부동산을 중국인들이 사랑하기 시작한 것입니다.

대한민국 경제는 현재 2~3%대의 저성장 국면에 돌입하여 부동산 가격 상승도 더디고 한계가 있을 것이라고 생각하는 사람들이 많이 있습니다. 하지만 여전히 연간 6~7%의 경제 성장을 이루고 있는 중국인들은 지속적으로 서울의 부동산 매입을 늘려갈 것입니다.

영구 소유가 불가능한 베이징과 상해의 아파트들도 평당 가격이 이미 1~2억 사이를 호가하는 단지들이 나오고 있습니다. 대한민국에서 가장 비싸다고 하는 강남 재건축 신축아파트의 분양가가 4,000만~5,000만 원 선이니 한편으로는 저렴해 보이기까지 합니다. 더욱이 서울은 가격

대비 주변 환경과 교육 여건, 생활 인프라 등 어느 것 하나 부족한 것이 없는 완벽에 가까운 도시입니다. 또한 중국과 달리 소유권과 상속권까지 인정되는 대한민국 부동산은 중국과의 거리까지 가깝기에 투자처로서 매력적인 것이지요. 서울의 경우 공급 자체가 많이 발생하기도 어렵지만 공급과는 별개로 새로운 수요가 지속적으로 발생할 수밖에 없다는 이야기입니다.

어느 날 임대차 계약을 맺으러 갔더니 중국인 집주인 혹은 대리인과 계약을 해야 하는 경우가 늘어나게 될 거란 말이지요. 이렇게 외국인들의 대한민국 부동산 매입이 늘어날수록 그에 따른 부작용도 증가할 것입니다. 하지만 이 부분은 결국 정부에서 조정을 해야 할 문제입니다. 우리 개인들이 할 수 있는 것은 핵심(서울) 부동산을 미리 선점하여 스스로를 보호하는 것 말고는 딱히 마땅한 방법이 없는 것도 사실입니다.

또한 통일이라는 외부의 새로운 매수 요인도 존재합니다. 하지만 이러한 통일의 문제는 아직 시간적으로 대비할 여력이 있고 변수라고 말하기엔 너무 막연한 이야기이기에 여기서는 논외로 하겠습니다. 하지만 중국인의 대한민국 부동산에 대한 점점 강하게 타오르는 사랑은 지금 우리가 마주하고 있는 실제 상황입니다.

장기 상승하는
부동산 가격

: 부동산 투자에 가장 중요한 요소들 :

여러분은 부동산 투자에 절대적인 지표가 있다고 생각하시나요? 저는 절대적인 지표는 없다고 생각합니다. 그나마 유동성이 가장 중요하다고 생각하고요. 이렇게 중요한 시중의 유동성을 가늠하기 위해서는 금리가 가장 중요한 지표라 할 수 있습니다. 그리고 중요하게 생각하는 것은 과거의 사례들입니다. 윈스턴 처칠이 과거를 멀리 볼수록 미래를 멀리 내다볼 수 있다고 하였는데요. 부동산 투자에 있어서도 대단히 중요한 이야기입니다. 앞에서 언급했지만 우리는 점점 현재에만 집중하고 있습니다. 미래는 고사하고 과거의 사례들도 점차 등한시하는 것이지요. 하지만 미래를 예상하고 힌트를 얻기 위해서는 반드시 과거의 사례들을 잘 살펴보아야 합니다. 그리고 그 다음으로 중요하게 생각하는 것이 바로 부동산의 입지와 미래가치입니다. 그만큼 부동산 투자에 있어서 유동성과 과거 사례의 조사를 중요하게 여기는 것입니다.

정리하자면 필자가 부동산 투자에 있어서 가장 중요하게 생각하는 것은 다음 3가지입니다.

1. 유동성(금리)
2. 과거 사례를 통한 미래 예측
3. 부동산의 입지와 미래가치

3번째라고는 했지만 좋은 입지와 미래가치가 있는 부동산을 발견하고 투자하는 작업 역시 대단히 중요합니다. 그럼에도 투자를 위해 가장 먼저 선행되어야 하는 것은 현재가 투자에 적합한 시기인지 아닌지를 가늠하는 것입니다. 이러한 추정을 위해서는 단서들이 필요하죠. 단서들이 많이 모여야 실제 투자를 진행할 수 있는 원동력이 생기고, 불안한 시기에도 꿋꿋하게 버틸 수 있는 힘이 됩니다. 아무리 좋은 입지의 부동산도 잘못된 시기에 투자를 한다면 실제 수익을 얻기까지 상당히 오랜 시간이 소요될 수밖에 없고, 이러한 기다림이 길어지면 길어질수록 잘못된 결정을 할 가능성이 높아지니까요. 이러한 기다림의 시간을 조금이라도 줄이기 위해서 단서들을 찾는 작업이 중요한데요. 유동성과 과거의 사례들에서 좋은 단서들을 많이 찾아낼 수 있습니다. 그래서 우리는 이러한 단서들의 보고인 유동성의 움직임과 과거 사례들에 대해 항상 관심을 가지고 있어야 하는 것입니다. 이러한 단서들을 많이 가지고 있으면 있을수록 부동산의 미래에 대한 논쟁으로부터도 자유로워지는데요. 앞으로 대한민국 부동산 시장에서 가장 중요한 논쟁의 소재는 바로 다음 두 가지 이슈가 될 것입니다.

1. 돈줄 조이기(금리 인상 & 대출 규제)
2. 공급과잉

우선 1번의 금리 인상의 경우를 먼저 살펴보면 이미 미국은 금리 인상을 2015년 12월에 시작하였습니다. 하지만 우리 대한민국은 그와는 별개로 여전히 금리를 낮추고 있는 금리 인하기에 놓여 있습니다. 더욱이 금리 인상을 시작하여도 금리를 고점 부근까지 올리기 위해서는 적어도 2년 이상의 시간이 소요될 것입니다. 부동산을 포함한 자산시장의 붕괴는 금리를 고점에 올려놓은 후 상당기간 금리 고점에서 해당 금리를 유지하여 시장의 유동성을 흡수한 후에 주로 발생합니다. 금리를 한두 번 혹은 몇 차례 올렸다고 해서 자산시장이 바로 붕괴하지 않는다는 것입니다. 지난 부동산 사이클에서 금리와 자산시장이 어떻게 움직였는지 한번 확인해 볼까요?

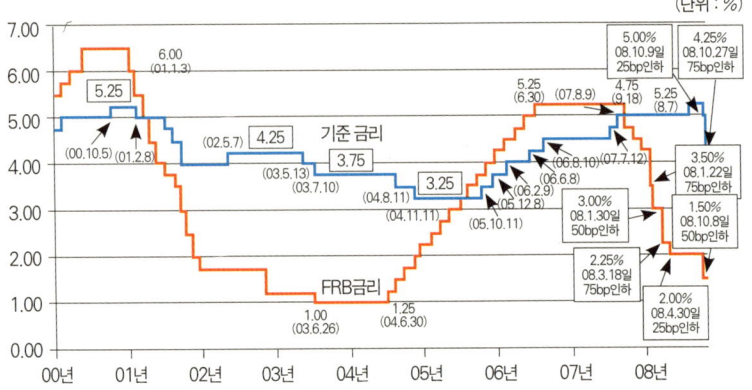

　해당 자료는 지난 부동산 사이클의 한국의 기준금리와 미국의 FRB정책금리 그래프입니다. 지난 사이클에도 미국은 한국보다 앞선 2004년 6월 30일에 금리 인상을 단행하였습니다. 지금과 유사하게 한국은 미국이 금리 인상을 시작하였음에도 두 차례나 추가로 금리를 인하하여 기준금리가 3.75%에서 3.25%가 되었습니다. 실제로 금리가 바닥이었던 2005년 초반 이후 부동산 가격이 다시 상승하였고, 한국도 금리를 2005년 10월부터 올리기 시작하였습니다. 그 후 금리는 2008년에 5.25%로 고점을 찍었습니다. 금리를 올리기 시작한 2005년부터 2008년까지 대한민국 부동산은 지속적으로 상승하였습니다. 금리를 올리기 시작하면 당장 부동산이 주춤할 것이라 생각을 많이 하지만 금리 인하기에 풀어놓은 유동성을 흡수하는 과정인 금리 인상 기간 동안에는 오히려 부동산이 침체가 아닌 대세 상승을 하였다는 사실을 확인할 수 있습니다. 실제 유동성 흡수의 마지막 단계에는 금리가 고점을 찍고 그 고점에서 일정 기간을 유지하여 유동성을 흡수하는 기간이 발생합니다. 이렇게 유동성 흡수의 마지막 단계가 지나서야 비로소 자산시장은 하락하기 시작하는 것이죠.

여기서 우리가 찾을 수 있는 중요한 단서는 금리를 올리는 과정인 금리 인상기가 부동산의 고점이 아니라는 것입니다. 부동산의 고점은 금리를 고점 부근까지 올린 상태에서 동결하여 유동성을 흡수하는 마지막 시기, 다시 말해 지난번 사이클을 보면 2007년 8월부터 2008년 7월까지 대략 1년 사이가 고점이었던 것입니다. 여기서 우리에게 더 중요한 단서가 될 수 있는 것은 미국이 2007년 9월에 금리 인하에 들어갔다는 것입니다. 미국이 금리 인상을 하면 시차는 있지만 결국 우리나라도 금리 인상을 했듯이, 미국이 금리 인하를 시작하면 시차는 존재하겠지만 결국 우리나라도 금리 인하를 시작할 것이라는 사실을 어렵지 않게 유추할 수 있습니다. 금리가 고점인 상황에서 금리 인하로 변곡점을 만들며 움직인다는 것은 결국 자산시장도 고점을 찍고 하향할 것이라는 중요한 단서가 되는 것이지요. 이렇게 미국의 금리가 선행지표 역할을 해주니 우리에겐 대단히 큰 힌트가 되는 것입니다.

지난번 부동산 사이클을 다시 정리해 보면 다음과 같습니다.

1. 미국이 먼저 금리 인상에 나섰지만 한국은 추가로 두 차례 금리를 인하하였다.
2. 미국과 대한민국 두 나라 모두 금리 인상기에는 부동산 가격이 상승하였다.
3. 금리가 고점을 찍고 상당기간 그 고점을 유지하며 유동성을 흡수하였다.
4. 금리가 고점에서 유동성을 흡수한 후 인하하기 시작하면 자산시장도 하락한다.

5. 미국이 먼저 금리 인하(2007년 9월)에 들어갔고 한국은 1년 뒤에 금리 인하를 시작하였다.
6. 한국은 미국이 금리 인하를 시작하고도 1년이 지난 시점인 2008년 8월까지는 일부 투기성 부동산을 제외하면 탄탄한 흐름을 보였다.

지난 사이클을 보면 대한민국의 일반적인 주거형 부동산에 투자를 했었다면 부동산의 매도를 결정하기 위한 중요한 단서는, 금리 인상기에는 부동산 가격이 상승하였다는 점과 미국의 금리가 선행지표 역할을 해주었다는 것, 그리고 미국이 금리 인하를 하고 우리는 1년 후에 금리 인하를 했다는 것들입니다. 즉 금리가 오르는 인상기에는 홀딩을 하고 미국의 금리 인하 이야기가 나오기 시작하면 우리는 부동산 매각을 고민하고 실제 미국이 금리 인하에 들어가면 최대한 빨리 부동산을 정리하여야 하는 것입니다. 하지만 부동산은 임차인들과의 계약기간 등의 변수가 있습니다. 그렇기 때문에 부동산은 매입할 때부터 이러한 금리의 흐름을 고려하여 매도 계획을 미리 세우는 것이 중요합니다. 금리 인상기에 부동산이 상승을 하고 있더라도 이번 임대차계약을 갱신하고 다음번 계약 시일까지 너무 멀어 보인다면 과감히 정리하는 등의 사전 계획이 필요한 것입니다. 그리고 이러한 계획을 세우기 위해서도 항상 금리의 움직임을 주시하여야 하는 것입니다.

그럼 다음 논쟁의 소재가 될 공급과잉에 대해서 한번 살펴볼까요? 먼저 연도별 주택 건설 실적을 보겠습니다. 아래 표는 1990년부터 2015년까지 주택 건설 실적입니다.

1990년 이후 평균 60만 호 이상 지어지던 주택 건설 실적은 IMF 발생 이듬해인 1998년부터 3년간 평균 38만 호 정도로 줄어들었습니다. 그 후 2001년 53만 호, 2002년 67만 호, 2003년 59만 호로 주택 건설 실적이 급격히 증가하였고요. 아파트의 완공까지 평균 30개월이 소요되니 2005년 이후 공급과잉으로 부동산 시장은 장기 침체에 빠졌어야 합니다. 하지만 2005년 이후 부동산은 장기 상승하였습니다. 금융위기 발발 후 2008년부터 2010년까지 3년간 공급이 또 평균 38만 호 정도로 급감하였습니다. 2011년부터 지방을 중심으로 공급이 증가하였고, 수도권의 경우 2014년이 되어서야 공급이 증가합니다. 이후 2014년과 2015년 그리고 2016년인 올해까지 수도권의 분양이 과거의 평균치를 상회하고 있습니다. 그래서 공사기간 30개월을 감안하여 2018년 이후에 공급과잉으로 부동산 경기가 침체할 것이라고 말합니다. 과거

(단위 : 호)

구분	공급 주택수
1990년	750,378
1991년	613,083
1992년	575,492
1993년	695,319
1994년	622,854
1995년	619,057
1996년	592,132
1997년	596,435
1998년	306,031
1999년	404,715
2000년	433,488
2001년	529,854
2002년	666,541
2003년	585,382
2004년	463,800
2005년	463,641
2006년	469,503
2007년	555,792
2008년	371,285
2009년	381,787
2010년	386,542
2011년	549,594
2012년	586,884
2013년	440,116
2014년	515,251
2015년	765,328

출처 : 온나라부동산정보3.0 통합포털

　IMF 시기의 사례를 대입해 본다면 이번 2018년 이후의 수도권 부동산 시장이 반드시 침체에 빠질 것이라고 확정하긴 어렵습니다. 더욱이 2016년 8월 25일 발표한 가계부채 대책의 주요 내용은 택지지구와 인허가 물량 조절 즉 공급물량의 억제를 통하여 신규 대출을 억제하겠다는 정책인데요. 비록 2015년 평년보다 많은 분양이 이루어졌다고 하여도 2016년과 2017년 물량 조절에 나설 예정이기에 공급과잉으로 인해 부동산이 장기 침체에 빠질 가능성은 적습니다.

　연도별 주택 건설 실적을 그래프로 보면 위와 같은 모양입니다. 아래는 대한민국 부동산의 가격지수 그래프입니다. 위의 주택 건설 실적 그래프와 비교해보고 밀접한 연관성이 있는지 한번 찾아보시죠. 공급과 가격의 연관성이 보이시나요? 사실 별다른 연관성을 찾기는 어렵습니다. 좀 더 오랜 기간 동안을 한번 살펴볼까요?

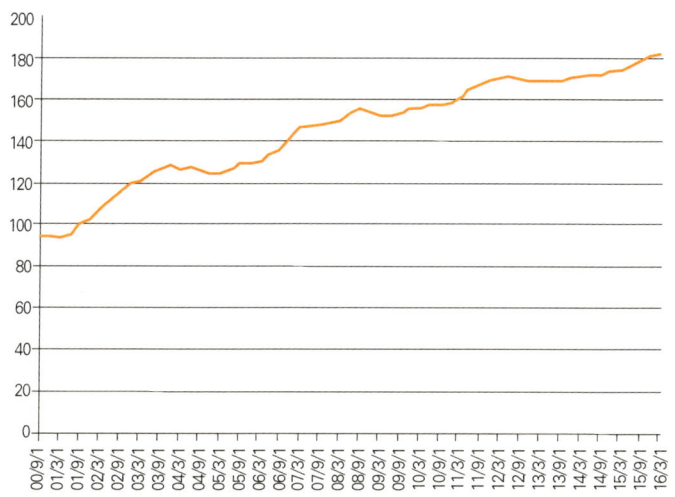

출처 : http://blog.naver.com/ondal0404/

| Korea |

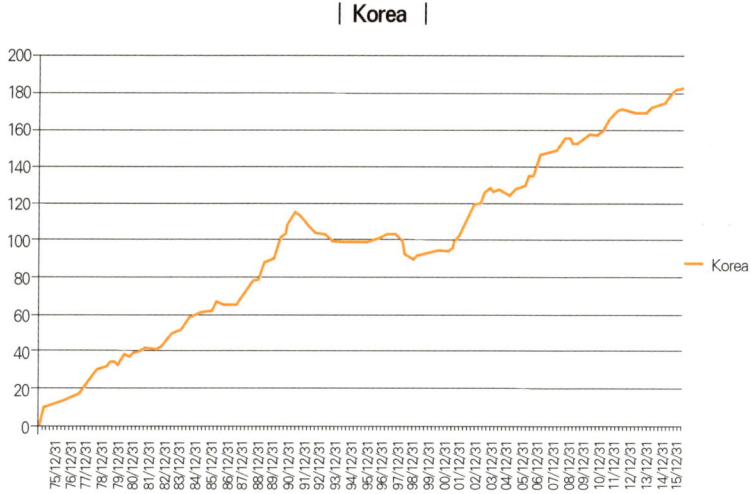

출처 : http://blog.naver.com/ondal0404/

대한민국 부동산의 경우 위의 그래프에서 확인할 수 있듯이 장기간 상승하고 있습니다. 88올림픽 이후까지 급격하게 과열되었던 경기가 하강하며 부동산 가격 조정이 있었고요. IMF 당시의 가격 조정을 제외하고는 사실 지속적으로 상승해왔습니다. 전체적으로 보면 하락한 기간보다 상승한 기간이 훨씬 많습니다. 부동산을 장기 보유하면 손해 볼 확률보다 이익을 볼 확률이 높은 것이지요. 앞서 언급했던 금리변동 사이클과 접목을 하여 투자의 시기를 조절한다면 더욱 손해 볼 확률보다 이익을 볼 확률이 높아질 것입니다. 억지로 끼워 맞추지 않는다면 사실 공급물량이 부동산의 매매가에 결정적인 역할을 한다고 보기는 어렵습니다.

: 금리와 유동성은 부동산 가격의 결정적 지표 :

우리는 흔히 수요와 공급의 법칙에 대해서 알고 있습니다. 이러한 법칙을 알고 있다면 일면 의아할 수도 있습니다. '공급이 늘어나면 가격이 내려가야 하는 것 아니냐?'는 의문 말이죠. 하지만 여기에는 우리가 놓치고 있는 결정적인 변수가 있습니다. 그것은 바로 금리 또는 유동성입니다. 어떤 재화의 수요와 공급이 일정하다고 해서 가격이 일정하게 유지되는 것은 아닙니다. 시장에 유동성이 지속적으로 공급이 되면 해당 재화는 수요 공급과는 별개로 가격은 오르게 되는 것이죠. 반대로 공급과 수요가 일정하여도 유동성 즉 돈이 줄어들면 해당 재화의 가격은 하락하는 것이고요. 하지만 대부분의 경우 이러한 유동성이 어떻게 움직이는지는 빼놓고 공급과 수요만을 가지고 부동산의 미래 가격을 예측하려 합니다. 가장 중요한 유동성이라는 변수를 빼놓고 시장가를 예상하니 예상과는 다른 결과들이 나오게 되는 것이죠.

　다만 조심해야 하는 것이 금리 사이클이 상승기조로 돌아서고 금리 고점 부근이 공교롭게 공급이 몰리는 2018~2019년 사이가 될 가능성이 높다는 점인데요. 이에 대한 이야기는 마지막 부분에서 다시 다루도록 하겠습니다.

　자본주의 시장에서 유동성은 금리 사이클과 밀접하게 움직입니다. 그래서 시기별로 변동이 존재하지요. 하지만 이러한 유동성은 결국 장기적으로 보면 자본주의 사회에서는 언제나 증가합니다. 그렇기 때문에 장기적으로 돈의 가치가 떨어지고 결국 부동산 가격이 올라가는 것처럼 보이게 되는 것이지요. 이러한 현상은 비단 국토가 작고 인구밀도가 높은 우리나라에서만 벌어지는 현상은 아닙니다.

덴마크 부동산의 가격지수 그래프입니다.

출처 : http://blog.naver.com/ondal0404/

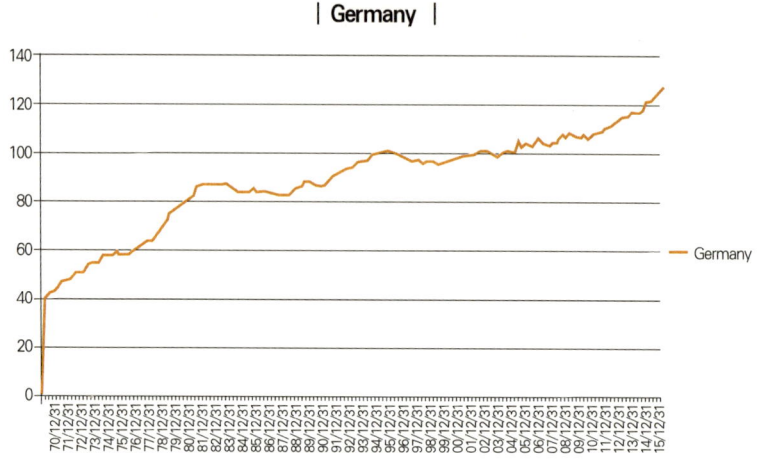

독일이고요.

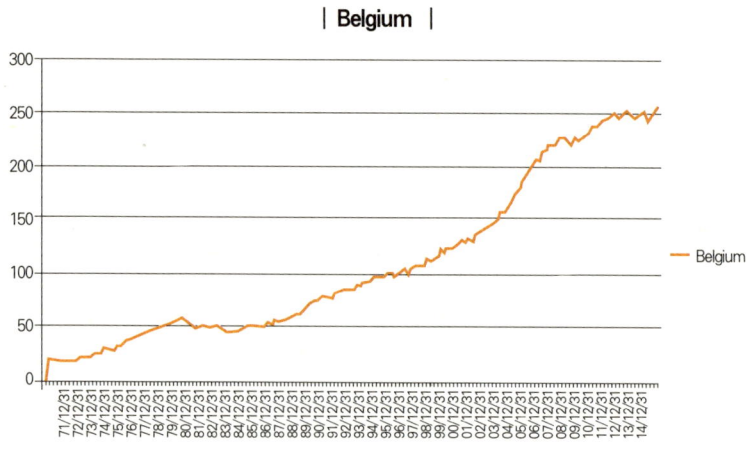

벨기에

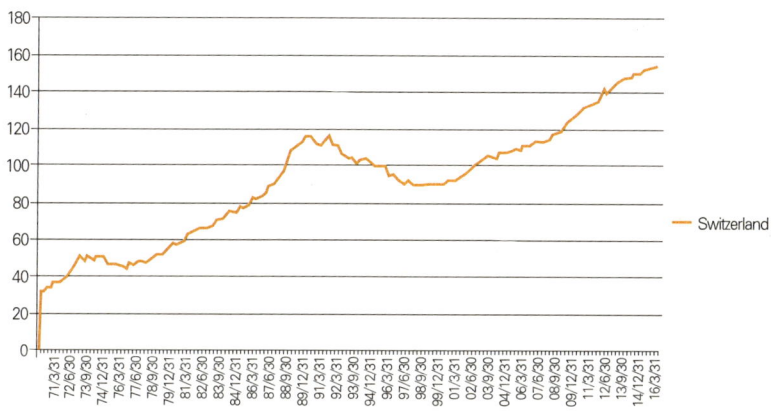

스위스

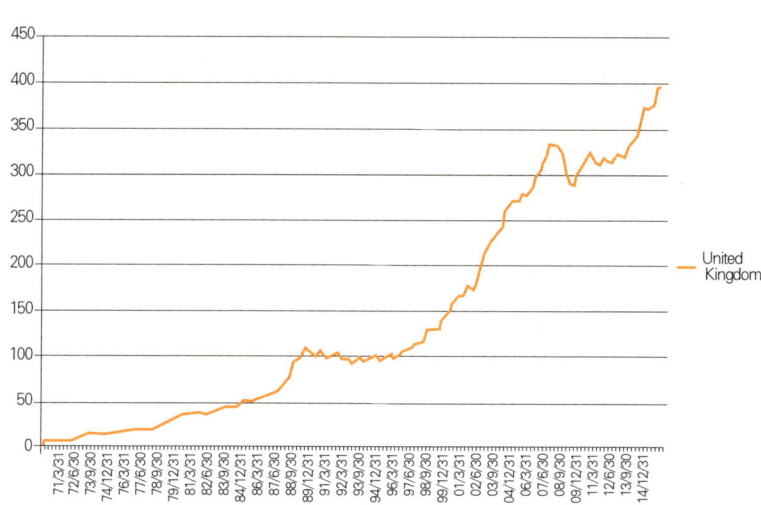

영국

제1장 부동산 투자를 해야 하는 이유

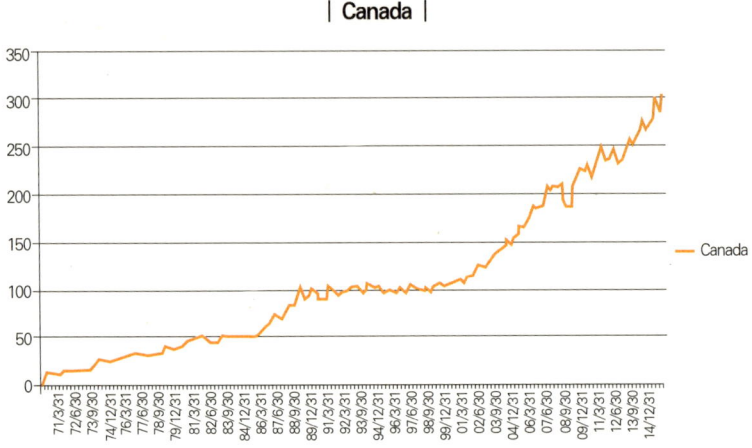

캐나다

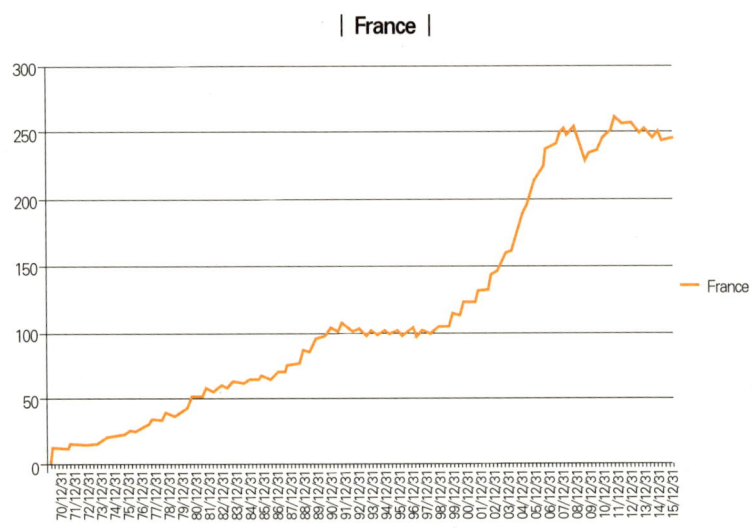

프랑스

핀란드

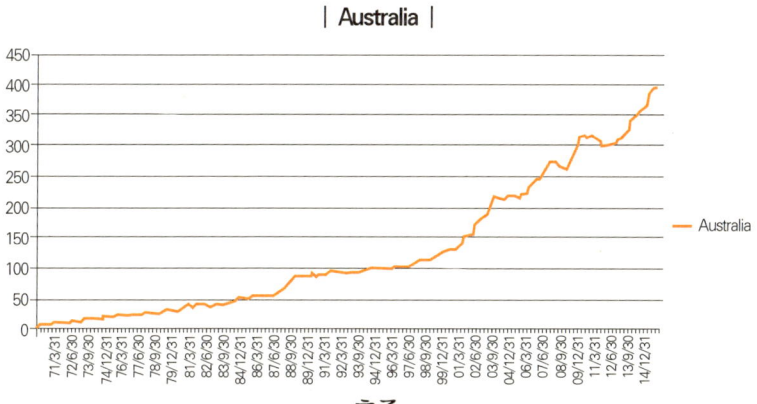

호주

홍콩

제1장 부동산 투자를 해야 하는 이유

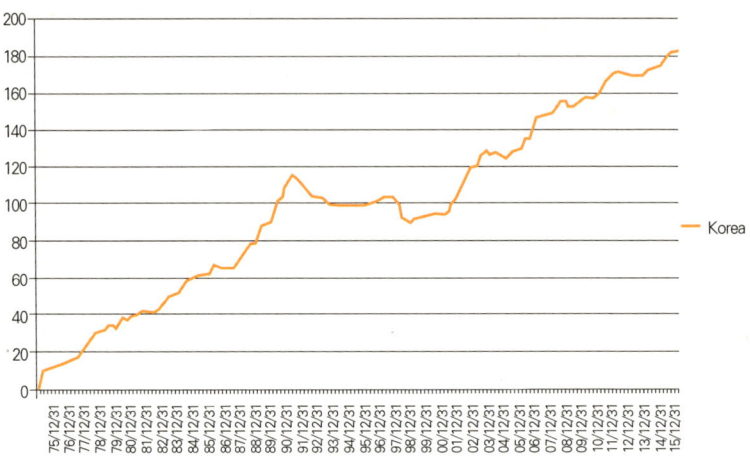

　그리고 다시 한 번 한국을 볼까요? 대한민국 부동산만 특별히 과도하게 올랐다고 보이지는 않습니다. 2018년 이후에 부동산이 침체를 할 것이니 이때 집을 사겠다는 사람들을 어렵지 않게 볼 수 있습니다. 하지만 유동성이라는 변수를 감안하지 않는 예측은 크게 의미가 없습니다. 또한 지금부터 2018년까지 대한민국 부동산이 얼마나 더 올라있을지 알 수 없습니다. 지금부터 2018년까지 30%가 오른 후 2018~2019년에 10%가 빠지고 다시 보합을 유지하다 상승을 준비한다면, 이미 지금 시점보다 20%나 오른 가격에 주택을 구입해야 하는 2018년 주택 구입이 무슨 의미가 있겠습니까?

　대부분의 시기에 대부분의 국가에서 부동산은 유사한 흐름을 보여주고 있습니다. 그럼에도 우리는 유일하게 하락한 일본의 경우만을 보고 있습니다. 일본의 경우 유례없는 거품경제의 붕괴를 겪으며 부동산에 대한 심리가 완전히 꺾였기에 주요국 중 유일하게 다른 모습을 나타냈습니다. 더욱이 이러한 일본의 부동산도 도쿄 중심부는 주거비와 매매가 모두 다시 상승하고 있다는 점도 참고를 하여야 하고요. 굳이 일본의 과거 사례를 통해서 대한민국 부동산 투자의 단서를 찾고자 한다면 일본의 경우 도쿄 중심부에서 30킬로미터 이상 떨어진 신도시들의 하락이 과대했으니 서울에서 30킬로미터 이상 떨어진 수도권 택지지구와 신도시들에 투자를 할 경우에 참고해야 하는 수준인 것입니다. 일본에 대한 이야기도 뒤에서 별도로 자세히 다루도록 하겠습니다.

일본 부동산의 가격지수 그래프입니다. 위에서 보았던 여러 나라의 그래프는 머리에서 지워버리고 일본의 경우만을 머리에 남겨놓고 이제 부동산은 끝났다고 생각하고 자본주의 사회에서 새로운 부가가치 창출을 위해 필수적인 부동산 투자를 외면한다면, 점차 화폐가 증가해 가치가

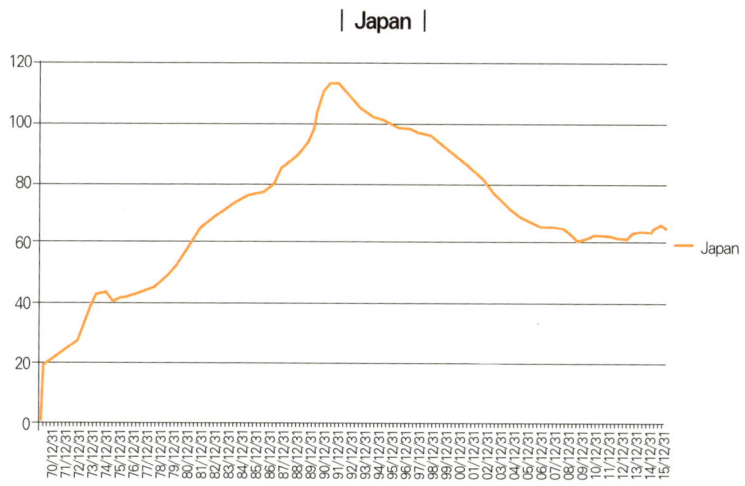

출처 : http://blog.naver.com/ondal0404/

하락 중인 본인의 시간과 노동만을 사용해 부가가치를 만들어내야 할 것입니다. 현명한 사람이라면 일본의 경우도 도쿄와 주요 도시 중심으로는 주거비가 크게 내려간 적이 없으며 부동산 가격 역시 다시 오르고 있다는 점을 중요한 단서로 활용해야 할 것입니다. 이를 연결하여 대한민국 부동산 중 어디에 투자를 해야 하는지를 찾아내야 하는 것이지요. 답은 이미 내용 안에 있습니다.

공급과잉 이야기를 조금 더 해보자면 이미 정부는 장기적인 관점에서 부동산의 공급을 관리하고 있습니다. 10년, 20년 뒤에도 부동산에 심각한 공급과잉이 발생하기 어렵습니다. 이미 2011년 이후 택지지구 즉 신규로 아파트를 지을 부지의 공급을 줄여오고 있습니다. 이러한 현상은 이번 가계부채를 조절하기 위한 공급 규제 대책과 맞물려 장기적으로 공급과잉이 벌어질 가능성을 떨어뜨리고 있습니다.

택지 공급이 점차 감소하고 도시정비법 개정안의 변경 및 뉴스테이 사

| 사업 주체별 택지 공급 현황 |

(단위 : 천m²)

구분	2005	2006	2007	2008	2009	2010	2011	2012	2013	2014	합계 (05~14)	합계 (98~04)
합계	40,384	46,385	65,232	51,943	59,151	54,840	15,246	16,622	15,123	7,467	372,366	192,054
LH	-	-	-	-	53,917	48,232	5,175	13,850	14,977	3,185	139,336	-
토공	14,469	20,146	35,452	24,426	-	-	-	-	-	-	94,493	79,205
주공	16,708	19,053	18,611	21,449	-	-	-	-	-	-	75,821	42,655
지자체	9,207	7,159	11,169	6,068	5,234	6,608	10,071	2,772	146	4,282	62,716	70,194

출처 : 국토교통부 주택토지실

업의 시작으로 대한민국 부동산 시장은 새로운 변화를 맞이할 가능성이 커졌습니다. 새로운 택지가 줄어드니 당연히 기존 도심의 재건축과 재개발 사업이 활발해질 수밖에 없습니다. 건설사들은 신규 분양을 할 곳이 줄어드니 재건축과 재개발과 연계하여 도시정비 사업에 집중할 수밖에 없고 결국 뉴스테이를 통해 월세 임대사업에 집중하게 되는 것이지요. 결국 임대시장은 전세시장에서 월세시장으로 급속하게 변해갈 것입니다. 기존에 이러한 임대시장의 가장 큰 주체는 민간이었습니다. 하지만 이제 기업들에게 이 임대사업이 개방이 되었으므로 월세는 지속적으로 상승할 가능성이 대단히 높아진 것이지요. 매매가는 별개로 하더라도 주거비는 계속해서 오를 수밖에 없다는 말입니다. 이 도시정비법과 뉴스테이 관련한 내용은 중요한 정보이니 역시 뒤에서 별도로 자세히 다루도록 하겠습니다.

지속적으로
상승하는 주거비

: 대한민국의 주거비 수준 :

굳이 부동산과 관련해 대단히 부정적인 다음 아고라 게시판 같은 곳을 가지 않더라도 흔히 접하는 부동산이나 주거비 관련 기사들 아래 달리는 댓글들을 보면 대부분 대한민국의 부동산 가격은 굉장히 비싸고 그에 따른 주거비도 높기 때문에 먹고 살기가 어렵다는 논조들이 주를 이룹니다. 하지만 실제 주거비와 부동산(주로 아파트)의 가격은 성격이 조금 다른 이야기입니다. 이러한 댓글들은 주로 '헬조선' 같은 부정적인 이야기로 이어지곤 하는데요. 물론 대한민국이 전 세계에서 가장 살기 좋은 나라는 아닐 수 있지만 치안이나 생활의 편리성, 그리고 실제 우리가 지불하는 주거비 등을 잘 살펴본다면 대한민국의 상황이 생각보다 나쁘지 않다는 것을 알 수 있습니다. 더욱이 우리가 흔히 동경하는 선진국들과 비교하여도 오히려 살만한 곳이라고 이야기할만한 요소들이 꽤 많이 있습니다. 그럼에도 부정적인 인식을 가진 사람들을 어렵지 않게 보게 되는데요. 가장 큰 이유는 대부분의 사람들이 자신이 처한 상황이나 입장이 가장 중요하다고 생각하기 때문입니다. 언제나 다른 사람들의 상처나 고통보다 내 손톱 밑의 가시가 가장 아픈 법이니까요.

대한민국의 가처분소득 대비 주거비와 OECD 주요국의 가처분소득 대비 주거비 지출 비율에 대해서 한번 보겠습니다. 가처분소득이란 쉽게 우리가 벌어들이는 소득에서 세금 등을 제외하고 자유롭게 사용 가능한 소득을 말합니다.

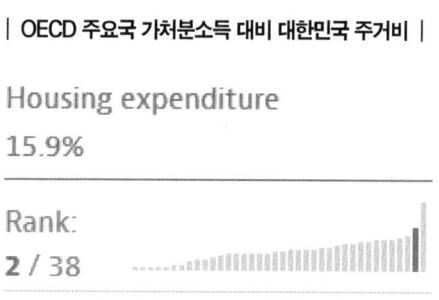

| OECD 주요국 가처분소득 대비 대한민국 주거비 |

출처 : http://www.oecdbetterlifeindex.org/topics/housing/

해당 주거비는 주택 구매를 위한 총예산, 주택 렌탈 비용 그리고 주거에 필수적인 가스와 전기료 같은 제반 비용을 모두 포함한 수치입니다. 우선 대한민국의 경우 가처분소득 대비 주거비로 15.9%를 지불하고 있습니다. 가처분소득을 100만 원이라고 가정한다면 15만 9천 원을 주거비로 지불하고 있다는 말입니다. 조사대상 38개국 중에서는 두 번째로 주거비가 낮은데요. 그렇다면 조사대상 국가 중 주거비가 가장 낮은 나라는 어디일까요? 바로 러시아입니다.

| 가처분소득 대비 러시아 주거비 |

출처 : http://www.oecdbetterlifeindex.org/topics/housing/

   오랜 기간 공산주의를 채택했던 러시아를 제외한다면 대한민국의 주거비가 OECD 주요 국가 중에 가장 낮다고 보아도 될 것 같습니다. 더욱이 비율뿐만 아니라 한국보다 소득이 높은 나라들의 주거비 절댓값은 더욱 높아진다는 의미이기도 합니다. 실제 해외에서 집을 렌탈하여 살아본 사람이라면 좀 더 쉽게 이해가 되리라 봅니다.

   다음은 미국의 지표인데요. 가처분소득 대비 18.8%로 7위에 랭크가 되었네요. 미국도 의외로(?) 주거비가 많이 높지는 않은 것 같은데요. 인구 대비 넓은 땅덩어리 덕분이 아닐까 싶습니다.

| 가처분소득 대비 미국 주거비 |

Housing expenditure
18.8%

Rank:
7 / 38

출처 : http://www.oecdbetterlifeindex.org/topics/housing/

| 가처분소득 대비 영국 주거비 |

Housing expenditure
22.7%

Rank:
29 / 38

출처 : http://www.oecdbetterlifeindex.org/topics/housing/

우리보다 땅도 넓고 인구밀도도 낮은 영국의 경우 주거비가 많이 비싼 편인데요. 영국의 경우 소득 대비 22.7%를 주거비로 소비하며 29위를 차지하고 있습니다.

| 가처분소득 대비 이탈리아 주거비 |

Housing expenditure
23.9%

Rank:
32 / 38

출처 : http://www.oecdbetterlifeindex.org/topics/housing/

이탈리아의 지표입니다. 23.9%로 32위입니다. 이 정도면 충분히 헬영국과 헬이탈리아라고 부를만하겠는데요. 그렇다면 다음은 흔히들 부동산의 부정적인 면을 강조할 때 많이 언급되는 일본을 보겠습니다.

| 가처분소득 대비 일본 주거비 |

출처 : http://www.oecdbetterlifeindex.org/topics/housing/

일본 국민들은 자신들의 소득 중에 22.7%를 주거비로 지출하여야 합니다. 주요국 중 순위는 29위로 즉 10번째로 주거비가 비쌉니다. 일본 부동산이 침체라는데 왜 이렇게 주거비가 비싼지 의아해하는 사람들이 많을 겁니다. 일본 부동산의 매매가는 버블 이후 고점 대비 많이 하락한 것이 사실입니다. 시세차익을 쫓는 투자 자산으로서의 매력도 일정 부분 상실하였고요. 버블 붕괴의 트라우마로 개인들의 부동산 투자에 대한 자신감 또한 찾아보기 어렵습니다.

하지만 그 틈을 비집고 일본의 임대시장은 기업형으로 대형화되며 꾸준히 성장하였습니다. 결국 개인이 기업형 임대주택에 거주하는 것이 당연하게 인식이 바뀌었고, 높은 주거비를 지불하더라도 언제 떨어질지 모르는 매매보다는 임대를 선호하게 된 것이지요. 집값이 내렸다고 해서 소득대비 주거비로 22.7%나 사용해야 하는 일본 서민들의 삶이 우리보다 나은 상황이라고 말할 수 있을까요? 일본의 부동산에 대해 이야기할 때 흔히 생산가능 인구가 감소하여 일본의 부동산이 붕괴하였다고 말합니다. 하지만 실제 주요국들 중에 여러 국가에서 생산가능 인구가 감소하였지만 부동산 시장이 붕괴한 곳은 일본이 유일합니다.

대한민국에서도 집값이 떨어지면 서민들의 삶이 지금보다 나아질 것이라고 막연하게 생각하는 사람들이 많지만 실제 집값이 떨어지더라도 매매를 선택하는 사람들과 임대를 선택하는 사람들은 결국 나누어집니다. 더욱이 정책적으로 기업형 임대사업이 시작되고, 현재 주요국들에 비해 상대적으로 주거비 지출이 적은 대한민국에서 주거비가 내려가기는 구조적으로 어렵습니다.

: 주거비는 지속적으로 상승 :

결국 집값이 과거처럼 큰 시세차익을 가져다주지는 못하더라도 집을 가진 사람과 집을 가지지 못한 사람의 미래 자산의 규모는 시간을 두고 점차 벌어질 가능성이 높습니다. 현재를 즐기며 사는 것 또한 좋은 삶의 방식입니다. 다만 우리 삶의 필수재인 의식주 중에서도 특히나 자신이 처한 상황에서 형편에 맞는 주거의 해결은 그 어느 것보다 우선시되어야 합니다. 대한민국의 집값이 앞으로 어떻게 될지 100% 확신하기는 어렵지만 매매가와 별개로 주거비는 계속해서 상승할 것이기 때문이지요.

덧붙여 인간은 안정에 대한 욕구를 가지고 있습니다. 안정감을 확보한 이후에 현재를 즐기는 삶과 안정감이 확보되지 않은 상태에서 현재를 즐기는 삶의 행복감은 차이가 날 수밖에 없습니다. 안정감이 확보되지 않은 상태의 현재를 즐긴다는 것은 사실 말뿐이지 그 이면에는 언제나 불안감이 남아있을 수밖에 없는 것입니다.

인간에게 안정감을 주는 요소에는 여러 가지가 있겠지만, 작든 크든 비싸든 싸든 본인의 집이 주는 안정감은 다른 어떤 재화를 소유했을 때 느끼는 안정감에 비할 바가 아닙니다. 자신의 형편에 맞는 알맞은 주거 형태를 찾아보면 생각보다 적은 비용으로 해결할 수도 있습니다. 막연히 '집값은 비싸고 거품이고 하락할 것이다.'라는 생각보다는 '내 현실에 맞는 합리적인 주택을 최대한 빠른 시간 안에 구입하자.'라는 생각을 갖기를 권해드립니다. 매매가와 별도로 주거비 상승은 필연이 될 테니까요.

부동산은
다른 투자자산에 비해 공정하다

: 부동산은 공정하고 편안한 투자가 가능 :

2016년 8월 25일 정부는 가계부채 대책을 발표하였습니다. 그 내용을 간단히 살펴보면 다음과 같습니다.

1. 2017년까지 공공택지 공급물량 축소
2. 보증기관(HUG)의 PF 보증심사 강화, 분양보증 예비심사 도입
3. 미분양 관리지역 확대
4. 주택시장 교란 행위 현장 점검
5. 은행/보험 주택담보대출 분할상환 목표치 상향
6. 공적 보증기관 중도금 보증 한도 통합(인당 2회 → 가구당 2회)

7. 집단대출 소득자료 확보

8. 잔금대출 구조 개선(중도상환 수수료 면제)

9. 전세대출 부분 분할상환 유도

10. 신용대출 관리 강화

　내용이 많아 보이지만 핵심적인 사항과 부가적인 사항으로 나눌 수 있습니다. 가장 중요한 핵심적인 사항은 공공택지 공급물량 축소입니다. 박근혜 정부 부동산 정책의 핵심은 개정된 도시정비법과 기업형 임대사업인 뉴스테이 관련법을 보면 확실해지는데요(이 부분은 부동산 정책 편에서 별도로 살펴보겠습니다). 이번 정책으로 기존 정책의 방향성이 좀 더 명확해졌고 돈이 흘러갈 곳도 명확해졌습니다.

　우선 공급물량 조절을 통해서 신규로 발생하는 가계부채를 억제하겠나고 합니다. 결국 위의 내용 중 2번 항목(보증기관(HUG)의 PF 보증심사 강화, 분양보증 예비심사 도입)을 통하여 건설사를 통제하여 밀어내기 분양을 막고, 기타 은행 관련 업무와 관련하여 분양권과 신규 분양의 대출을 관리하여 공급물량을 조절하겠다는 내용인데요. 여기서 우리가 찾아내야 하는 중요한 단서는 공급과잉에 대한 공포를 가지고 있는 부동산 시장 참여자들의 불안감이 해소되도록 정부가 도와줬다는 점과 신규 택지지구 지정이 줄어드니 기존 도심재생 사업에 집중될 것이라는 점, 그리고 최근 들어 부동산 시장이 분양권 거래 위주로 쏠림 현상이 발생하여 비슷한 입지의 기존 주택과 분양권의 가격 격차가 커졌는데 이러한 갭이 줄어들 것이라는 점들입니다.

그렇다면 부동산 투자를 위하여 어떤 상품을 찾아봐야 할까요? 아주 높은 점수의 1순위 통장이 있는 사람이라면 신규 분양이 줄어드니 입지가 좋은 곳에 청약을 하면 됩니다. 그게 아니라면 분양권 시장보다는 분양권시세와 기존 주택의 매매가 사이에 가격의 갭이 크게 벌어진 지역의 기존 주택에 관심을 가져야 합니다. 그리고 도심정비 사업이 진행 중인 곳의 재건축과 재개발 상품에 관심을 가져야 하고요. 하지만 재건축과 재개발은 초기에 투입되는 자금이 상대적으로 많아 현금동원력이 뛰어난 사람이 아니면 뛰어들기 점차 어려워집니다. 그럼 사람들이 가장 쉽게 접근할 수 있는 상품을 좁힐 수 있겠네요. 기존 재고 주택 매매 쪽으로 자금이 자연스럽게 몰릴 것입니다. 기왕이면 비슷한 입지의 신규 분양권 가격이 많이 올라 기존 재고 주택과 가격 차이가 많이 벌어진 곳이라면 더욱 안전하겠지요.

이렇게 부동산은 정부의 정책을 보면 어느 정도 투자의 윤곽을 그릴 수 있습니다. 방향성을 예측할 수 있는 것이지요. 하지만 의외로 이러한 정책이 나와도 아예 관심이 없는 사람들도 많고, 살펴보더라도 정책의 본질적인 내용을 확인하지 못하는 사람들이 많습니다. 이렇게 공평하게 오픈되는 정책에 관심을 가지고 잘 살펴보기만 하여도 아예 관심이 없는 사람들보다 투자에 실패할 확률이 확연히 줄어듭니다.

그에 반해 주식시장의 경우 정보 자체가 공정하게 오픈되지도 않을 뿐더러 정보의 교란도 있고, 상황에 따른 해석이 자기 마음대로입니다. 최대 실적을 발표해도 해당 주식의 오르내림은 말 그대로 신도 모른다가 정답입니다. 애널리스트들이나 펀드매니저들도 사실 주식을 분석하고 추천하지만 주식의 가격이 어떻게 변할지는 아예 모른다고 해도 크게 틀리지 않을 것입니다. 실제 주식의 가격은 그냥 거대 자본의 움직임대로 결정이 될 뿐이니까요. 실제 2001년 미국에서 원숭이들과 월가의 전문가 집단이 주식투자 수익률 경합을 한 적이 있습니다. 관련 기사 내용을 좀 보시지요.

기사의 제목은 바로 "주식투자, 원숭이도 사람만큼 한다" 였습니다. http://news.mt.co.kr/mtview.php?no=2001081915391600040&type=1
2001년 8월 20일자 머니투데이 기사입니다.

- "원숭이가 사람보다 낫다?"

    주식투자에 있어서는 원숭이도 사람 못지않은 것 같다. 유럽판 월스트리트 저널 (WSJE)이 지난해 7월부터 올해 7월까지 4번에 걸쳐 투자 전문가 그룹과 아마추어 주식 투자자 그룹, 그리고 원숭이 등 세 개 그룹의 추천 종목을 따라 투자한 결과 원숭이가 선두를 차지한 것으로 나타났다.

    WSJE가 지난 1년간 4번에 걸쳐 3개 그룹의 수익률을 다트(작은 창던지기 놀이) 점수로 환산한 결과 원숭이가 마이너스 11.4포인트로 가장 성적이 좋았고 전문가 그룹은 마이너스 13.6포인트로 원숭이를 바짝 뒤쫓았다. 아마추어 그룹은 마이너스

124.6포인트로 한참 멀리 뒤쳐졌다.

모간 스탠리 캐피털 인터내셔널(MSCI) 유럽 지수의 수익률은 지난 1년간 마이너스 26.9포인트로 원숭이와 전문가 그룹은 시장의 평균 수익률을 능가하는 성적을 기록한 것으로 나타났다.

WSJE는 프린스턴 대학의 교수인 버튼 맬키엘(Burton Malkiel)이 1970년대 초에 주창한 "효율적 시장 이론(Efficient Markets Theory)"이 타당한지 실험하기 위해 투자 전문가 그룹과 아마추어 그룹, 원숭이의 투자 수익률 시합을 벌이고 있다.

맬키엘 교수는 1973년에 "월스트리트를 발 가는대로(A Random Walk Down Wall Street)"란 책을 통해 주식시장은 진실로 효율적이기 때문에 눈을 가린 원숭이가 신문의 상장 종목 리스트에 다트 게임을 할 때 사용하는 작은 창을 던져 맞은 종목에 투자해도 투자 전문가만큼의 수익률은 올릴 수 있을 것이라고 주장했다.

이 이론에 따라 WSJE는 전문가 4명, 아마추어 4명의 그룹을 만들어 한 사람당 한 종목씩 추천하게 하는 한편 눈을 가린 사람이 다트 창을 던져 맞은 종목에 무작위로 투자하는, 이른바 이론적인 원숭이의 추천 종목을 가정해 이 세 개 그룹의 투자 수익률을 비교하고 있다.

지난해 7월부터 올해 7월까지 약 1년간은 원숭이의 실적이 가장 좋았으나 올해 2월15일부터 7월5일까지의 기간 동안만 봤을 때는 전문가 그룹이 마이너스 18%

의 수익률로 선두를 달렸다. 원숭이는 마이너스 24.7%, 아마추어 그룹은 마이너스 43.5%의 수익률을 각각 기록했다.

원숭이는 독일의 섹스용품 판매 체인점인 비테 우제(Beate Uhse)에 투자해 이 회사에서만 12%의 수익률을 기록했다. 또한 이탈리아 보석 체인점인 불가리를 선택, 9.8%의 수익을 냈다. 그러나 텔레콤 회사인 재즈텔과 에너지에서 각각 55%와 65%의 마이너스 수익률을 기록해 다른 두 개 종목에서의 좋은 실적이 물거품으로 돌아갔다.

이렇듯 주식투자는 사실 많은 시간을 들여 살펴보고 관리할 필요가 없습니다. 더욱이 시중에 떠도는 정보는 오히려 우리를 현혹시키는 미끼인 경우가 허다하지요. 그나마 정부에서 관리하는 부동산 정책은 겉으로 드러난 정책과 내막의 차이가 존재할 수는 있지만, 그 내막만 잘 캐치한다면 수식에 비해선 대단히 공정한 경쟁을 할 수 있는 시장입니다. 자산시장에서 이렇게 공정한 게임을 할 수 있는 재화는 사실 부동산이 거의 유일합니다.

더군다나 주식시장에서 거대자본에게는 공매도라는 히든카드까지 주어집니다. 채권시장의 경우도 사실 국가별 주요 정보의 취득 자체가 어렵습니다. 안전하다고 인식하는 채권도 사실 어느 국가가 모라토리엄을 선언할지 우리 같은 개인이 사전에 감지할 방법은 전혀 없으며, 회사채의 경우에도 기업의 최상위자에 의해서 행해지는 부정 회계나 횡령 배임 또한 우리에게까지 사전에 정보가 흘러들어올 가능성은 제로나 마찬

가지입니다.

소수의 주머니를 채워주기 위해 다수의 주머니에서 돈을 빼앗아가는 구조인 것이지요. 때로는 우리에게 달콤한 승리의 기분을 느끼게도 해주지만 결국에는 내 주머니의 돈이 야금야금 빠져나가기 마련인 것입니다. 부를 증식하기 위해서는 돈을 지켜내는 것이 대단히 중요한데요. 아직까지는 대부분 평범한 일반인들에 의해 움직이는 주거형 부동산 투자의 경우 정보가 소수에게만 한정되거나 거대자본에 의해 가격이 단순 결정되거나 하지는 않습니다. 그나마 우리가 마음 편하게 안정적으로 투자할 수 있는 상품이 부동산인 이유 중의 하나입니다.

: 정부 정책을 통해 투자의 방향성 예측 가능 :

사례를 좀 더 살펴보면 최근에 도시정비법이 개정이 되었는데요. 지지부진했던 도시정비 재건축과 재개발 사업의 속도가 빨리질 것이라는 예상을 가능케 한 정책입니다. 도시정비 사업의 수익률은 사업의 진행속도와 직결되어 있습니다. 정부가 법을 개정해 도시정비 사업들의 속도가 빨라지도록 정책적으로 지원하고 유도하니 사업의 속도들이 빨라지기 시작했지요. 사업의 속도는 결국 수익률과 직결되니 강남권을 중심으로 올해 재건축과 재개발 사업에 많은 돈이 몰렸고 결과적으로 가격이 껑충 뛰어버렸습니다. 이렇게 정부의 정책과 오픈되어 있는 정보들을 조합해 볼 수 있기에 부동산이 다른 투자 재화에 비해 대단히 공정한 마켓인 것입니다. 특히나 요즘 같은 부동산 상승기에는 이러한 정책들을 잘 살펴보고 선점하여 투자한다면 좋은 결과를 얻을 수 있습니다.

그리고 이번 정부의 부동산 핵심 정책 중의 하나는 뉴스테이 관련법 등 기업형 임대주택 사업인데요. 장기적으로 뉴스테이 정책은 대한민국 주거형 부동산 임대시장의 시스템 자체를 바꿀 것입니다. 대한민국의 주거비가 상대적으로 낮았던 가장 큰 이유 중의 하나가 바로 전세라는 독특한 제도입니다.

이 전세라는 제도는 대한민국에만 존재하는 임대 형태이지요. 과거 부동산 상승기에 은행의 대출 문턱이 높던 시기에 전세는 투자자들에게는 자금을 조달해주었고, 임차인들에게는 저렴한 주거비로 주거를 해결하는 수단이 되었습니다. 특히 서민들에게는 전세로 살면서 주거비를 절약하여 주택 매매로 이어질 수 있는 디딤돌과 같은 역할도 하였으니 계층사다리의 역할도 했었지요. 하지만 이제 전세라는 제도는 점차 월세 시장으로 개편이 되어갈 것이라는 사실을 이번 정부의 정책을 통해서도 엿볼 수 있습니다.

필자는 이번 사이클이 집을 살 수 있는 중요한 기회일지도 모른다는 생각을 자주 합니다. 이번 사이클을 놓치면 무주택 개인이 매수하기에는 쉽지 않을 만큼 주택 가격이 많이 올라 있을 것이고, 오른 가격 대비 추가 상승은 기대하기 어려우니 그 시점에서 집을 사기에는 불안해질 것입니다. 더욱이 비슷한 시기에 기업형 임대주택이 짧으면 3~5년, 길면 5~7년 사이에 정착이 될 터이니 결국 집을 사지 못한 상태로 지속적으로 상승한 주거비와 함께 영원히 지내게 되는 것이지요. 이렇게 우리 삶에 기본적인 주거비가 매달 월세를 내는 형태로 오래 지속될수록 계층사다리를 타고 올라가기는 점점 어려워지게 되겠지요. 결국 부의 증식을 통해 하기 싫은 일을 하지 않아도 되는 자유로운 삶과는 그 거리가 점점 멀어지게 되는 것입니다.

근로소득만으로
부자가 되기 어려운 이유

: 종이화폐와 노동, 토지와 자본 :

이번에는 부가가치 즉 부의 창출에 대해 우리가 잘 알고 있는 부루마블과 연계하여 이야기해볼까 합니다. 여러분은 부루마블 또는 모노폴리라는 게임을 해본 적이 있나요? 이 두 게임은 재미있는 게임임에 분명하지만 단순한 게임이기에 앞서 자본주의 사회의 작동 원리를 고스란히 담고 있는 멋진 게임이라 할 수 있습니다. 단순한 게임인 것 같지만 생산의 3요소인 토지, 노동, 자본의 개념을 명확히 이해할 수 있고, 부자가 되기 위해 우리가 우선적으로 해야 할 일 그리고 종이화폐 가치의 가벼움에 대해서까지 생각해 볼 수 있는 놀라운 게임입니다.

아이들에게 자본주의의 핵심적 개념을 어렵지 않게 이해시키고 알려주는 데에도 도움이 되는 훌륭한 게임입니다. 부루마블과 모노폴리 두 게임은 약간의 차이가 있기는 하지만 기본적으로 담고 있는 가치는 동일하기에 우리가 접하기 쉬운 부루마블을 가지고 이야기를 이어나가겠습니다. 부루마블 게임의 포장 겉면에는 파란색 지구의 모습이 들어있습니다. 지구라는 행성의 주요 도시에 투자를 하는 것이기에 그려 넣었는지 모르겠으나, 개인적으로는 자본주의 시스템으로 움직이는 지구라는 행성 즉 지구의 모든 곳에서 자본주의가 똑같은 원리 아래 돌아간다는 것을 의미할 수도 있겠다는 생각이 드네요.

자, 이제 저와 같이 게임을 한번 해보실까요? 우리는 처음에 똑같은 액수의 종이화폐를 가지고 게임을 시작합니다. 시작 전에 힌트를 드리겠습니다.

1. 도시의 구입 = 토지의 구입
2. 건물을 짓는 행위 = 자본의 투입
3. 게임 한판을 돌아 월급을 받는 것 = 시간과 노동력 투입

이라고 보아도 크게 다르지 않을 겁니다.

여러분은 부루마블을 하면서 승자가 되기 위해 무엇부터 하나요? 혹시 주사위의 높은 숫자가 자주 나오기를 기대하며 많은 바퀴를 돌아 월

급을 모으려고 하시나요? 아닐 것입니다. 아마 바로 도시(토지)를 먼저 구입할 것입니다. 이 게임을 몇 번 해본 사람이라면 누구라도 어렵지 않게 알 수 있습니다. 가장 먼저 많은 도시를 구입하고 그 구입한 도시에 자본을 투입시켜 건물을 올려야만 게임을 유리하게 끌고 갈 수 있다는 것을요.

게임의 시작에 앞서 누가 먼저 할 것인지 순서를 정합니다. 도시 선점을 위하여 먼저 시작하는 것은 중요하니까요. 먼저 도시를 선점해야지만 다른 사람이 살 수 있는 기회를 제거하고, 그 사람이 내 땅에 머무르는 것만으로도 내 땅은 부가가치(상대방이 내 도시에 걸렸을 때 지불하는 비용)를 창출하여 나를 부유하게 만들어주기 때문입니다.

또한 도시들은 도시별로 구입 비용이 다릅니다. 도시별로 별장, 빌딩, 호텔과 같은 건물을 올리기 위한 비용도 상이하고요. 투입된 자본만큼이 도시가 생산해내는 부가가치의 규모도 달라집니다. 당연히 비싼 도시일수록 그리고 자본이 많이 들어가는 건물을 올려놓을수록 상대방이 내 도시에 머무를 때 지불해야 하는 비용도 눈덩이처럼 커져갑니다. 이러한 도시 간의 가격의 차이는 쉽게 토지의 입지 차이라고 생각하면 될 것 같습니다. 부동산은 입지별로 가격도 다르고 이러한 가격의 차이는 결국 해당 부동산이 만들어내는 부가가치에 따라 결정되니까요.

우리의 실제 삶과 마찬가지로 이 게임에서도 좋은 입지의 도시를 구입하는 것이 게임의 승자가 되기 위해 필수입니다. 처음에도 말했듯이 다들 게임을 하면서 도시를 먼저 구입합니다. 토지가 없다면 아무리 자본이 많아도 부가가치 생성을 극대화해 주는 건물들 자체를 지을 수가 없기 때문이죠. 게임을 해보았다면 도시의 중요성은 충분히 공감하였으리라 생각합니다.

다음으로 자본을 볼까요? 우리는 자본을 활용하여 해당 도시(토지)에 별장, 빌딩, 호텔 등을 지을 수 있습니다. 각 건물별로 투입되는 자본의 크기는 다릅니다. 그에 따라 생성되는 부가가치의 크기도 다르고요. 자본을 많이 투입할수록 나에게 돌아올 것으로 예상되는 기대수익도 커집니다. 처음에는 자본이 부족하여 별장 등을 올릴 수도 있지만, 게임을 오래 하면 할수록 결국 해당 부지에 투입할 수 있는 최대 자본을 투입하게 됩니다. 토지가 한정되어 있기 때문에 한정된 토지를 최대한 활용하기 위해서 어쩔 수 없는 선택인 것이지요.

초반에는 몰랐지만 게임을 하면 할수록 종이화폐는 들고 있어도 별다른 부가가치를 생산해내지 못한다는 것을 어렵지 않게 알게 됩니다. 돈을 들고 있는 것보다 남들보다 빨리 토지를 구입하고, 거기에 자본을 투입하여 새로운 건물을 올려야 게임이 유리해지니까요.

그럼 이제 마지막으로 노동력에 대해서 한번 볼까요? 주사위를 굴려 게임 판을 한 바퀴 돌 때마다 일정한 금액인 20만 원을 월급으로 받습니다. 초반에는 월급도 도움이 되고 감사합니다. 하지만 게임이 진행되면 될수록 열심히 한 바퀴를 돌아서 받는 급여는 별다른 의미가 없습니다. 주사위가 높게 나와서 게임 판을 남들보다 열심히 돌아도 이미 토지가 잠식되어 있고, 그 위에 건물들이 올라가 있다면 유리해지지 않습니다.

오히려 게임 판을 돌면 돌수록 나의 소중한 월급은 이미 자연스럽게 다른 사람의 주머니로 들어가고 있다는 것을 알게 됩니다. 결국 급여와 종이화폐만을 가지고 부루마블 게임(자본주의 사회)에서 이길 수 없다는 것을 자연스럽게 알게 되는 것이죠.

아무리 많은 종이화폐를 가지고 있어도 이미 도시들이 다른 사람에게 선점되어 있다면 나의 종이돈은 시간이 지나면 지날수록 도시의 주인에게 흘러 들어간다는 것을 알 수 있습니다. 도시가 없거나 적게 가지고 있다면 차라리 무인도에 들어가서 쉬는 것이 이득일 만큼 말입니다.

도시가 모두 팔린 상태에서 나보다 적은 토지를 가지고 있는 사람이 열심히 주사위를 굴리고 높은 숫자들이 나와서 나보다 빨리 게임 판을 돌더라도 그 상대방이 게임의 승자가 될 수 없다는 것을 우리는 어렵지 않게 알게 됩니다. 그 사람이 열심히 돌면 돌수록 오히려 땅을 많이 가진 내기 점점 부자가 되는 것도 알게 되지요. 노동력이 생산하는 부가가치가 상대적으로 다른 생산의 요소인 토지와 자본에 비해 얼마나 미약한지 드디어 알게 됩니다. 이러한 차이는 사실 게임을 하면 할수록 더욱 심해집니다. 자본주의 사회에서 필연적으로 양극화 현상이 발생되는 근본적인 원인이기도 하지요. 양극화가 점점 심해지는 것이지요.

ː 자본주의 사회의 작동 원리를 명확히 이해해야 ː

실제 우리의 삶과는 다르다고 생각하시나요? 너무 크고 넓게 보지 말고 주거비만 가지고 천천히 다시 생각해 볼까요? 우리는 1년 12달 주 5일씩 하루 시간의 대부분을 소모하며 급여를 받습니다. 세금을 제외하고 250만~300만 원의 급여를 받는다고 해보지요. 3인 가족이 살만한 수도권의 20평형대 아파트만 하더라도 보증금이 없다면 월 100만 원 이상 지불하여야 합니다. 더욱이 이러한 월세는 과거의 사례들을 돌아보면 통상 오르기까지 합니다. 반면 20평형대 아파트를 소유하고 임대한 사람은 자기의 시간과 노동력을 거의 사용하지 않고도 매달 100만 원씩을 가져갑니다.

매년 급여도 조금씩 오르지만 주거비도 해마다 오릅니다. 나의 시간과 노동과 바꾼 소중한 가치 중 30%가 부동산을 소유한 누군가에게 흘러가는 것입니다. 더욱이 나의 노동력은 유한합니다. 취직하여 20년 정도 일하면 설 자리가 확연히 줄어듭니다. 45~50세 사이에 90% 가까이 회사에서 떨어져 나갑니다. 노동력을 상실하거나 임금이 적은 곳으로 이동하여 부가가치 생산력이 오히려 줄어듭니다.

반면 사람들이 세 들어 살고 있는 부동산은 정년 없이 계속적으로 부가가치를 만들어낼 것입니다. 더욱이 과거의 사례들을 보면 매달 돈을 버는 것뿐만 아니라 가격까지 오릅니다. 오래 지나면 재건축으로 새집으로 변신하기까지 하고요. 그 과정에서 가격이 더 오르는 것은 덤이고요. 주거비만이 아니라 우리 삶의 대부분이 부동산을 기반으로 하는 자본주의의 산물들에게 비용을 지불하는 구조입니다. 길가다 밥 한 끼를 사먹는 것도 그 음식을 만드는 데 투여된 노동력에 가장 많은 비용을 지불하는 것 같지만 실제로는 그 식당의 토지와 자본(건물)에 많은 비용을 지불하고 있는 것입니다.

  부루마블 게임을 한두 시간만 해보아도 이러한 자본주의의 구조에 대해 어렵지 않게 이해할 수 있는 반면, 평생을 자본주의의 한복판에서 살아가면서도 사실 자본주의의 구조나 원리를 이해하지 못하거나 무관심한 사람들이 많이 있습니다. 근로소득을 가지고 주사위를 열심히 굴려서 살아남고자 하지만, 시간이 지나면 지날수록 자기 소유의 부동산이 없으면 불리해진다는 사실도 모른 채 말이지요. 부루마블 게임을 너무 어렸을 때만 하고 안 한 지 오래돼서일까요? 오늘 부루마블 게임을 다시 해보는 건 어떨까요?

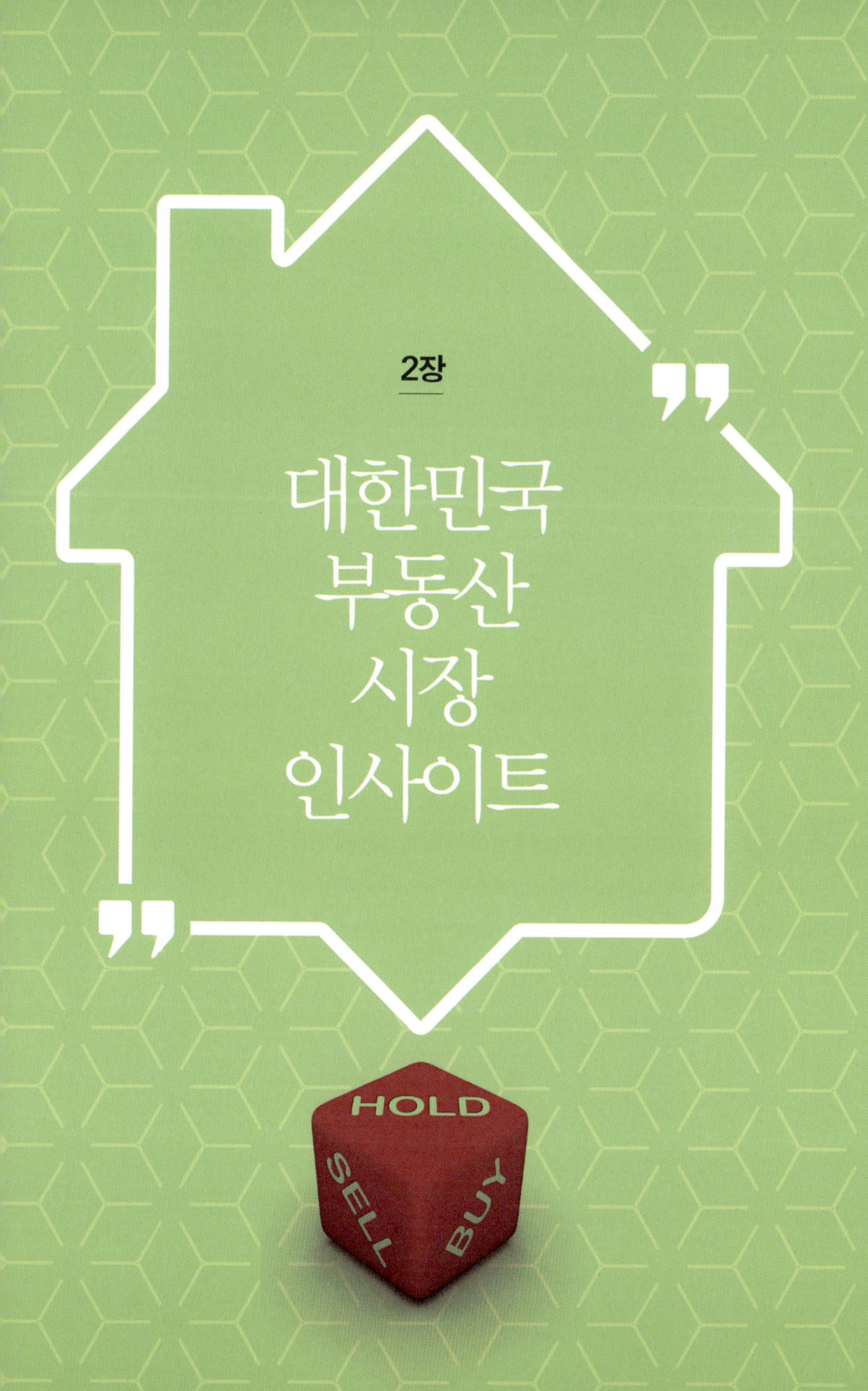

성공하는 부동산 투자를 위해서는 기다림을 돌파해야 합니다. 부동산 투자에 나섬에 있어서 사자마자 바로 매매가가 오르길 바라지만 사자마자 바로 오르는 부동산은 없습니다. 정말 운이 좋아 한두 번 성공할 수는 있겠지만 매번 이런 운이 따를 수는 없겠지요. 또 일부 자본력과 정보력을 가진 집단과 함께 미리 특정지역을 선점한 후에 정보를 흘려 사람들을 불러 모아 매매가를 끌어올리는 방법도 있을 수 있겠지만 평범한 일반인들에게는 불가능한 일입니다.

결국 아무리 좋은 시기에 좋은 지역의 물건을 선택하더라도 단기간에 상승하리라는 보장은 없습니다. 다만 좋은 입지의 부동산을 구매했다면 언젠가는 결국 오르게 되어 있습니다. 하지만 실제로 투자를 해보면 그때까지 확신을 갖고 버티는 것이 결코 쉽지 않다는 것을 알 수 있습니다. 그렇기 때문에 부동산 투자에 앞서서 확신을 갖고 편안한 마음으로 기다릴 수 있는 여유를 갖는 것이 무엇보다 중요한데요. 저는 이것을 기다림의 돌파라고 말합니다.

이러한 기다림의 돌파를 위해서는 스스로 확신을 가질 수 있는 많은 단서들을 확보하고 있어야 흔들리지 않고 기다릴 수 있습니다. 이러한 단서들에는 여러 가지가 있는데요. 장기 투자에 방해가 되는 공포심을 불러일으키는 단서에서부터 자본주의가 어떻게 흘러가는지에 대한 단서, 좋은 입지를 선정하게 도와주는 단서, 부동산 가격 결정의 단서, 상승의 시기와 직결되는 정부의 정책적 단서, 그리고 인구통계학적 단서까지 많은 단서들이 존재합니다. 이러한 단서들의 본질적 의미를 정확히 이해해야만 평안한 마음으로 기다림을 돌파할 수 있는 것입니다. 이번 장에서는 이러한 단서들을 살펴봄으로써 부동산 시장의 본질과 미래에 대한 인사이트를 얻을 수 있을 것입니다.

현실성 없는
가계부채 공포론

: 서브프라임 모기지 사태의 본질에 대한 이해 :

최근 대한민국에서 부동산 투자를 놓고 저울질하는 사람들에게 가장 큰 심리적 압박을 주는 이슈는 가계부채 문제가 아닐까 싶습니다. 가계부채라는 키워드를 들었을 때 우리의 머릿속에 바로 떠오르는 이미지는 이미 부정적이기에 부동산 투자에 나서는 이들을 주저하게 만듭니다. 더욱이 2008년에 발생한 미국의 서브프라임 모기지 사태는 우리에게 부동산과 연계된 가계대출이 심각한 위협이 될 수 있다는 일종의 트라우마를 갖게 만들었습니다. 실제 해당 사건의 본질에 대한 이해를 올바로 한다면 막연히 갖고 있는 부정적인 이미지나 트라우마에서 벗어나 공포감을 이겨내고 긍정적인 마인드로 투자에 나서는데 도움이 될 것입니다.

그렇다면 우선 가계부채가 본질적으로 문제가 되는 상황은 어떤 경우일까요? 바로 사람들이 돈을 갚지 못하고 가계부채 연체율이 급상승하여 은행이 부실에 빠지고, 결국 은행이 붕괴되어 경제 침체의 원인이 되는 상황이 가계부채를 걱정하는 가장 큰 이유일 것입니다. 그리고 경제가 침체되면 부동산도 침체에 빠질 것이라는 자연스러운 흐름으로 연결될 것이고요. 이러한 가계부채 문제가 현실화되려면 먼저 사람들이 돈을 갚지 않아야 합니다. 즉 연체율이 올라가고 이러한 연체율이 한계치를 넘어 은행이 부실화될 때 우리는 가계부채가 실질적 위협 또는 문제라고 생각하게 되겠지요.

그렇다면 이 가계부채가 실제로 경제에 찬물을 끼얹을지 아닐지 그리고 끼얹는다면 그 때가 언제가 될지를 알고자 한다면 우선 사람들이 빚을 잘 갚고 있는지, 즉 감당이 가능한 수준에서 유지되고 있는지를 살펴보는 것이 중요하지 않을까요? 결국 가계부채 연체율을 확인해 보면 되겠네요. 우리나라 가계부채 연체율을 살펴보기에 앞서 미국의 서브프라임 모기지 사태에 대해 알아보겠습니다.

미국의 주택 담보대출은 신용등급에 따라 프라임, 알트에이, 서브프라임 등으로 나뉘어 있습니다. 프라임 모기지는 가장 우량한 등급의 담보대출입니다. 당연히 대출이자 또한 가장 낮습니다. 우량 등급별 금리는 프라임 > 알트에이 > 서브프라임 순입니다. 문제가 되었던 서브프라임 모기지의 경우 프라임 모기지 금리에 비해 2~4% 정도 높았으며 신용등급이 높지 않은 사람들에게 주로 대출이 이루어졌습니다(당연히 신용등급이 높다면 프라임 모기지를 활용하여 대출을 받고 주택을 구입했겠지요). 더욱이 이러한 서브프라임 모기지는 통상 1주택자 보다는 여러 채의 집을 구매한 투자자들이 널리 활용을 하였습니다.

우선 여기까지만 보아도 우리나라의 대출 시장과는 상황이 많이 다릅니다. 현재 한시적으로 완화되었다고는 하지만 여전히 LTV와 DTI를 적용하여 대출을 심사하고 있습니다. 더욱이 올해 들어 신규 대출의 여신 심사까지 강화하여 가계대출 조건을 강화하고 있지요. 이 부분은 따로 살펴보도록 하고 다시 서브프라임 모기지 사태 이야기로 돌아와서 당시 미국의 대통령은 조지 W. 부시였습니다. 기억하시겠지만 부시는 걸프전을 통하여 전쟁 비용을 과다하게 지출하였습니다. 더욱이 이러한 오랜 전쟁은 국민들을 지치게 하였고, IT버블마저 붕괴하자 미국민들의 상처가 깊어갑니다. 이렇게 지치고 상처가 깊었던 미국인들에게 자기의 주택을 소유하자는 오너십 소사이어티라는 슬로건으로 희망의 메시지를 전달하고자 하였습니다(결국에는 미끼를 문 미국인들이 더 깊은 수렁에 빠졌지만요).

잠시 이야기에서 벗어나 지배 계층의 입장에서는 국민 대다수가 대출 없이 본인의 집을 소유하고 안정적인 삶을 산다는 것은 사실 사회 구조 유지상 달갑지 않을 것입니다. 모두가 편안하고 안락하게 지낸다면 사회의 지탱을 위해 필수적인 힘들고 어려운 일을 할 자원이 부족해지니까요(선진국 또는 부자 국가들은 이민정책으로 이런 문제를 해결하기도 하지요).

당시 미국의 부시 대통령이 주창하였던 오너십 소사이어티(Ownership

Society)는 개인들에게 자기 소유의 집을 가질 것을 적극 권장합니다. 앞에서 잠시 언급했지만 빚 없이 보유한 주택은 소유자가 보다 자유롭게 살게 하는 커다란 무기가 됩니다. 하지만 당시 미국의 정책은 빚을 갚을 능력이 없는 사람들에게까지 무분별하게 대출을 늘려주는 방식이었습니다. 이 과정에서 서류심사도 없이 수입 없고, 직업 없고, 자산도 없는 사람들에게 대출을 해주기 시작합니다. 이른바 닌자(NINJA)대출입니다. No Income No Job or Asset의 각 단어의 앞 철자를 따서 만든 신조어이지요. 작명 한번 잘했네요.

　우리나라의 경우 과거보다 은행 문턱이 많이 낮아진 것이 사실입니다. 그럼에도 여전히 은행에서 대출을 받을 수만 있는 것도 그렇지 못한 사람 입장에서 보면 큰 혜택입니다. 회사를 그만두자마자 대출이 막히는 경험을 했던 사람들은 쉽게 이해가 될 것입니다.

　이렇게 무분별하게 시행되었던 닌자대출은 더군다나 담보가(우리나라로 치면 은행 대출의 기준이 되는 KB시세 기준)의 90% 이상 심지어는 100% 이상까지도 대출이 가능했습니다. 이러한 대출 상품이 판매되었으니 부동산은 어떻게 흘러갔을까요? 당연히 오를 수밖에 없었습니다. 이렇게 상승하는 부동산을 기반으로 불안전한 대출 상품들 즉 서브프라임 모기지 상품의 증권화 작업을 합니다. 비우량 채권인 서브프라임 모기지만을 가지고는 원활한 수익을 창출하기가 어렵고, 이 채권의 위험도가 고스란히 드러나 있기에 구매하려는 사람이 적어질 수 있었기 때문이지요. 이를 해결하기 위해 비우량 채권인 서브프라임 채권을 안전한 채권

혹은 금융상품들과 결합하여 새로운 상품(본질적으로는 비우량 채권이지만)을 만들어 내고, 미국의 초대형 은행들을 중심으로 수익을 내며 거래하기 시작합니다. 이렇게 초대형 은행들이 증권화된 서브프라임 채권을 다루고 안정적인 수익을 창출하는 것처럼 보이자 다른 투자자들도 이 상품을 안전하다고 믿게 되었고 결국 전 세계로 불티나게 팔려나가게 된 것이죠.

위험한 부실 채권에 수익을 더하여 팔고 또 그 수익을 담보로 하여 새롭게 파생되는 상품들이 전 세계로 퍼져나가게 된 것입니다. 해당 채권의 본질이 어떻든 미국의 초대형 은행들이 지속적으로 수익을 내며 거래를 하니 당연히 모두들 안전할 것이라고 생각하게 되어버린 것이지요.

이렇게 증권화된 서브프라임 모기지 상품도 사람들이 대출이자를 연체하지 않고 잘 갚던 시기에는 표면적으로 문제가 없어 보였습니다. 그래서 오랜 기간 광범위하게 전 세계로 퍼져나갈 수 있었던 것이지요. 얼마나 많은 종류와 액수의 파생 상품들이 퍼져나갔는지 가늠조차 못하면서 말입니다.

사실 우리 같은 평범한 사람들도 정확한 내용을 들어보면 말이 안 되는 상품인데도 불구하고 수재들만 모인 월가에서 해당 상품이 결국 부실화되어 붕괴될 것이라는 사실을 몰랐다는 것이 쉽게 이해가 되지 않습니다. 한편으로는 인간의 탐욕이 끝이 없기에 가능했다는 생각도 들고요. 아무튼 이러한 비정상이 만연한 상태에서 미국 연방준비제도(FED)는 2004년부터 2007년까지 연방금리 인상을 단행합니다. 1%대의

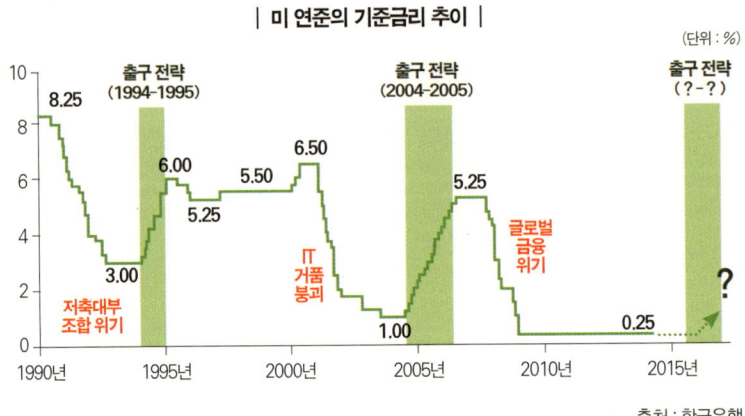

금리를 무려 5.25%까지 올려버린 것입니다.

이때부터 부실 폭탄의 심지가 타들어가지만 반대로 금리 인상기인 2004년부터 2007까지 3년이라는 시간 동안 부동산 시장은 마지막 불꽃을 태우기 위해 가장 강력한 상승을 연출합니다. 결국 이에 현혹된 많은 사람들이 금리 고점인 5.25% 당시에도 높은 이자를 감수하고 대출을 일으켜 부동산 투자에 나서기에 이른 것이지요. 하지만 매매가 상승이 멈추자 높아져 버린 금리에 빚을 갚지 못하는 사람들이 늘어납니다. 더욱이 이때부터 대부분의 사람들이 맹신하던 서브프라임 채권에 서서히 의구심을 갖는 사람들까지 생겨나기 시작하고요.

이와 관련된 내용은 영화로 제작된 〈빅쇼트〉에서 확인할 수 있습니다. 높은 금리와 부동산 거래 침체로 대출이자 상환을 하지 못하는 사람들이 늘어나기 시작하고, 이러한 연체율 상승은 결국 부실한 채권인 서브프라임 모기지와 연결된 모든 파생상품들을 붕괴시킵니다. 하지만 재미있는 사실은 미국의 서브프라임 모기지도 증권화만 되지 않았다면 아무리 연체율이 높게 올라갔더라도 미국 내에서 어렵지 않게(물론 세금이 투입되겠지만) 정리가 가능한 수준이었다는 것입니다. 결국 금융위기를 발생시킨 가장 중요한 요인은 대출 자체가 아닌 이 대출 채권을 이용하여 무한대로 생산해낸 파생상품들 즉 증권화 때문이라는 사실입니다. 다시 말해 가계대출 자체가 금융시스템 붕괴의 원인이 아님에도 이미 우리에겐 '가계대출은 위험하다.'라는 공식이 생겨버린 것이지요.

잠시 미국의 모기지 채권의 연체율 그래프를 보실까요? 아래의 그래프는 미국의 주택 담보대출들의 연체율 추이를 나타낸 그래프인데요. 서브프라임 모기지의 경우 기존에도 통상 10% 이상의 연체율을 나타냈으며, 연체율이 최고조에 다다랐을 때는 무려 30%가 넘었습니다. 10명

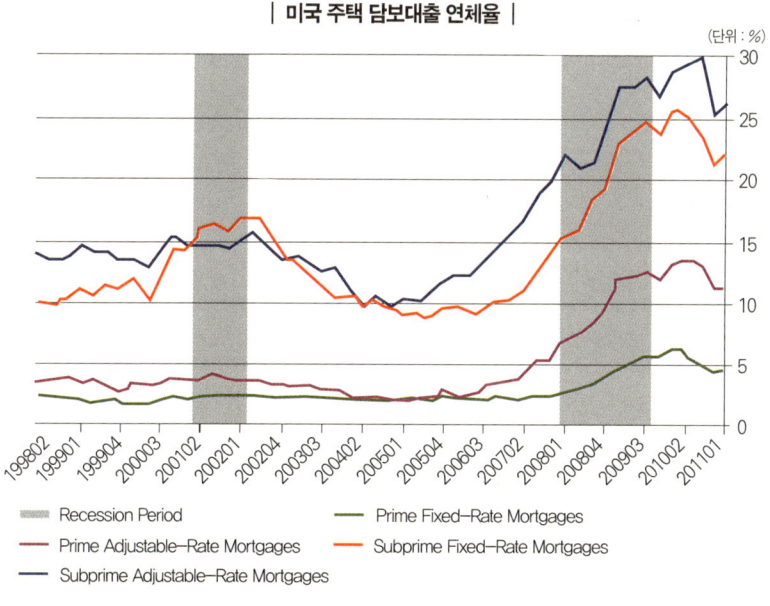

| 미국 주택 담보대출 연체율 |

출처 : 미국 연방준비제도(Fed)

중 3명이 이자도 갚지 못하고 있었다는 셈입니다. 그렇다면 매일같이 뉴스를 통해 공포론을 접하게 되는 우리나라의 가계대출은 어떻게 관리가 되고 있을까요?

：대한민국 가계부채, 연체율·자산구조 면에서 양호：

기업의 연체율은 최근 5년간 1.7%에서 1%대의 연체율을 나타내는군요. 반면 가계의 경우 0.97%에서 0.46%의 연체율을 보여줍니다. 주택 담보대출만 살펴볼까요? 주택 담보대출의 경우 0.73%에서 0.27%로 더욱 안정적인 상태로 연체율이 관리되고 있습니다. 우리나라 사람들이 막연히 더 착하거나 은행을 사랑해서 연체하지 않고 잘 갚아나가는 건 아니겠지요. 당연히 힘들어도 갚을 수 있으니 갚아 나가는 것이지요. 서브프라임 모기지 연체율은 30%였습니다. 3%가 아니고 30%. 우리나라 가계부채 연체율의 경우 특히나 주택 담보대출의 최근 연체율이 0.27%입니다. 사람들이 빚을 갚지 않아 연체율이 올라가 부실화될 가능성이 현저히 낮습니다.

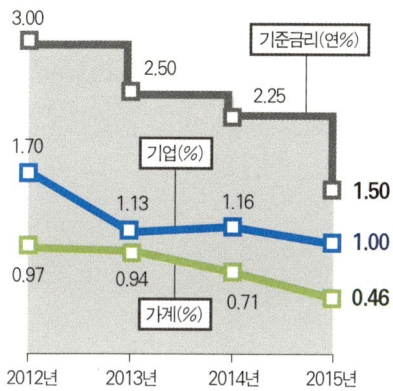

출처 : 금융감독원

*매해 12월 말 기준. 출처 : 금융감독원

그래도 가계부채 규모가 계속해서 늘어나니 불안하다고요? 그럼 가계부채에 대해서 좀 더 살펴볼까요? 가구별 자산 구성 현황에 대한 이야기입니다. 통계청 자료인데요. 한번 보시죠.

| 가구별 자산 구성 현황 | (단위 : 만 원)

구분	2010	2011	2012	2013	2014	2015
자산	27,684	29,765	32,325	32,688	33,539	34,246
금융자산	5,886	6,903	8,141	8,827	9,013	9,087
실물자산	21,798	22,862	24,184	23,861	24,526	25,159
부채	4,619	5,205	5,450	5,858	6,051	6,181
금융부채	3,151	3,597	3,684	3,974	4,118	4,321
임대보증금	1,468	1,608	1,766	1,884	1,933	1,860
순자산(자산-부채)	23,066	24,560	26,875	26,831	27,488	28,065

출처 : 통계청, 「가계금융복지조사」, http://www.index.go.kr

가구 순자산의 정의

가구 순자산은 가구가 보유하고 있는 평균 자산액에서 평균 부채액을 차감한 금액임. 자산은 저축액, 전·월세보증금 등을 포함하는 금융자산과 부동산, 자동차 등을 포함하는 실물자산으로 구성되며, 부채는 금융부채와 임대보증금으로 구성됨.

평균적인 가구가 보유하고 있는 자산에서 부채를 차감한 가구 평균 순자산을 통하여 가구의 재산 수준을 파악할 수 있으며, 가구의 재정 상태를 가늠할 수 있다. 가구의 재산 증감과 각 자산 및 부채 구성의 추이를 살펴보는 것은 일반 국민들의 재정 상태를 파악하는데 있어서 중요한 부분이다. 뿐만 아니라 가구의 재산 상태가 소비에 영향을 주므로 거시경제에 미치는 영향도 파악할 수 있다.

이제 한국은행에서 가계부채와 가계자산을 함께 공개할 수도 있다는 말이 들립니다. 사실 가계부채만 공개하는 것 자체가 대단히 이상한 일이었습니다. 일정한 의도가 있고 없고를 떠나서 말이지요. 2015년 기준 가구당 가계의 금융자산이 9,087만 원으로 가계의 금융부채 4,321만 원에 비해 2배가 넘습니다. 전세 보증금인 임대보증금까지 합친 총부채는 6,181만 원으로 총자산 3억 4,246만 원과 비교하면 5배 이상 차이를 보이고 있습니다.

여러분의 가정이 은행에 빚이 6,000만 원이 있고 총 자산이 3억 4000만원이 있다고 생각해 보시죠. 이 자산 중에 은행 예금 같은 금융자산이 9,000만 원입니다. 여러분의 가정이 지금 파탄이 날 만큼 위험한 상태라고 느껴지나요? 아래는 가계의 자산에서 부채를 제외한 순자산에 대한 그래프입니다.

가계부채가 증가함에도 가계자산에서 가계부채를 뺀 순자산은 매년 증가하고 있습니다. 현재 시점에서 가계부채가 대한민국 경제를 무너뜨

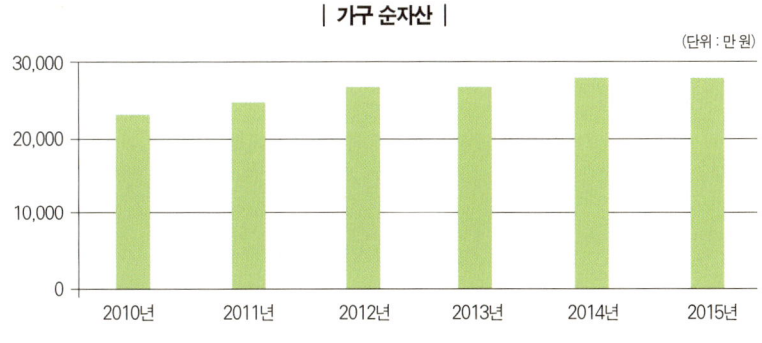

릴 대형 폭탄이라고 생각되시나요? 아주 먼 미래에 문제가 될 소지는 있지만 현재 대한민국 가계부채는 연체율을 보아도 가계자산 구조를 뜯어보아도 전혀 문제될 것이 없습니다.

일본과 대한민국 부동산을
연결하는 이유

: 일본을 제외한 대부분의 선진국 부동산 지속 상승 :

부동산의 하락을 말하는 많은 사람들이 일본의 경우를 이야기하는데요. 저는 우리나라 부동산 특히나 수도권 부동산은 일본의 사례가 아닌 대만의 사례를 들여다봐야 한다고 생각합니다. 수도권의 면적은 11,791km², 인구는 2,540만 명, 인구밀도 2,156명/km²이고요. 대만은 35,980km²에 인구는 대략 2,340만 명이 거주 중입니다. 인구밀도는 약 650명/km²입니다. 수도권은 대만보다 더 많은 인구가 좁은 면적에 높은 인구밀도를 보이며 살고 있는 것이지요. 다음은 대만의 최근 10년간 주택 가격지수입니다. 최근 10년간 2배 이상 올랐군요.

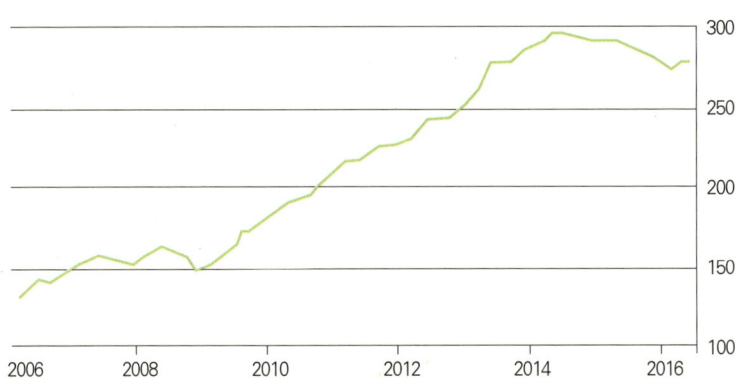

출처 : http://ko.tradingeconomics.com/taiwan/housing-index

참고로 인구밀도가 가장 높은 방글라데시의 경우 2008년까지의 자료가 존재하는데요. 1990년대 초반부터 2008년까지 대략 3배 정도 주택가격이 상승하였습니다(방글라데시의 인구밀도는 약 1,100명/km^2).

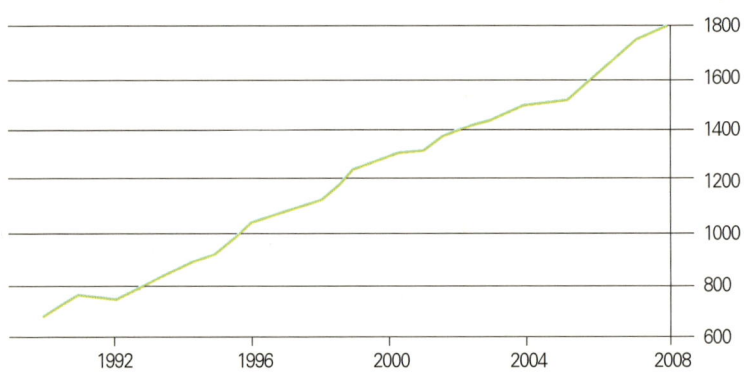

출처 : http://ko.tradingeconomics.com/bangladesh/housing-index

일본의 경제 상황은 사실 정상적이지 않은 부분이 많습니다. 우선 일본의 경우 국가부채 규모가 워낙 크기 때문에 금리를 올리기가 대단히 어렵습니다. 통상 부동산은 금리가 바닥을 찍고 올라갈 때 주로 상승하는 모습을 보여주는데요. 일본은 이 사이클을 만들어 내기가 어렵습니다. 일본의 경우 현재 국가부채가 GDP대비 230%에 육박합니다. 대한민국의 경우는 40% 정도에서 관리가 되고 있고요. 대만의 경우는 31% 선입니다. 참고로 일본의 주택 공실률(공실+미분양)은 13%가 넘습니다. 대한민국은 6%(공실+미분양)선이고요. 그럼에도 보통 하락을 말하는 사람들은 부동산 이야기를 할 때 일본과 한국의 부동산만을 연결하려 합니다. 일본의 부동산에 대해 말할 때 생산가능 인구 감소에 대한 이야기를 많이 하는데요. 일본의 부동산이 생산가능 인구가 감소하는 시기와 비슷한 시점부터 하락을 했기 때문이지요. 과도한 부채의 발생과 과도한 거품이 꺼졌던 경제 전반의 상황은 빼놓은 채 말입니다.

: 주요 국가들 중 일본만 부동산 장기 침체 :

고령화 사회에 진입한 우리나라도 앞으로 생산가능 인구가 감소할 예정입니다. 여기에 대입해 일본과 대한민국의 부동산이 비슷하게 움직일 거라는 이야기를 합니다. 하지만 이러한 생산가능 인구 감소와 고령화 사회 진입은 일본뿐 아니라 대부분의 선진국에서 발생한 공통적인 상황입니다. 그런데 생산가능 인구가 감소하고 고령화 사회로 진입한 선진국들 중에 왜 유독 일본과 대한민국만을 연결 지어 생각하려는 걸까요? 도대체 왜? 이러한 논리가 생겼을까요? 그 이유는 선진국들 중에서 생산가능 인구가 감소세로 돌아서고 고령화 사회로 진입한 나라들 대부분이 부동산 가격이 상승했기 때문입니다. 네 맞습니다. 유독 일본만 특이하게 혼자 떨어졌습니다. 그래서 어쩔 수 없이 일본과 대한민국의 부동산을 연결하는 것이지요. 하지만 일본을 제외한 대부분 선진국들의 부동산은 지속적으로 상승해 왔습니다.

일본은 경제 성장 과정에서 특이한 버블을 만들었고 버블이 꺼지는 과정에서 국가부채가 현재의 지경에 이르렀습니다. 일본의 GDP는 세계 3위 규모로 절댓값이 큼에도 불구하고 현재 GDP대비 국가부채가 230%에 달합니다. 금리를 올리기 쉽지 않은 것이지요. 결국 금리 사이클을 만들기 어려운 구조입니다. 이런 일본도 최근 5년간 부동산이 반등하고 있습니다. 더욱이 도쿄 중심부는 부동산 시장이 탄탄하게 유지되고 있습니다. 서울이 대한민국 부동산 투자처 중에 가장 안전한 이유일지도 모릅니다.

아무튼 현재 일본의 부동산도 GDP대비 국가부채 230%를 딛고 13%라는 극악의 공실률을 딛고 슬금슬금 다시 오르고 있습니다. 만약 일본의 부동산이 앞으로 몇 년간 상승세를 유지한다면 부동산 하락을 말하는 사람들이 대한민국 부동산과 연결 지어 이야기할 나라가 없어질지도 모르겠네요.

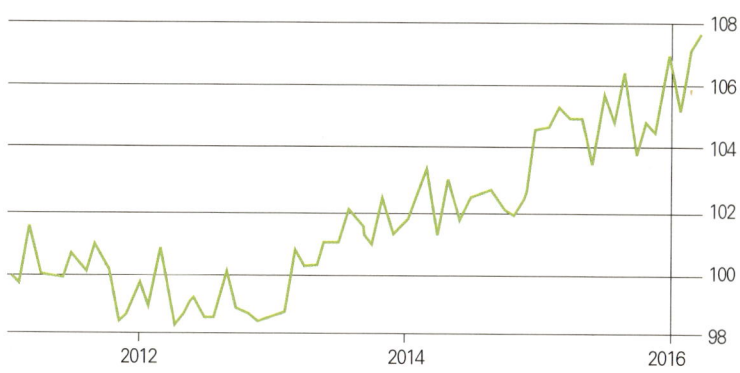

출처 : http://ko.tradingeconomics.com/japan/housing-index

다음 그래프는 일본 다음으로 고령화가 빠르게 진행되었던 독일입니다. 5년간 부동산이 35% 정도 올랐네요. 더욱이 독일은 부동산에 대한 인식 자체가 우리와는 많이 다릅니다. 임대가 워낙에 보편화 되어 있기 때문에 부동산을 우리처럼 투자재로 보는 경향이 현저히 낮습니다. 그럼에도 꾸준히 상승하고 있습니다.

대한민국 부동산이 일본을 따라갈 확률보다는 대만이나 독일의 경우를 따라갈 가능성이 더 높습니다. 그럼에도 하락을 이야기하는 사람들이 주로 일본의 경우만을 대한민국 부동산과 연결시키는 이유는 결국 한 가지입니다. 주요 국가들 중 일본만 부동산이 장기 침체했기 때문일 것입니다.

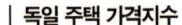

| 독일 주택 가격지수 |

출처 : http://ko.tradingeconomics.com/germany/housing-index

부동산의 가격을 결정하는 유동성

: 수요와 공급에 의해 가격이 결정되는 것이 아니다 :

자본주의의 가장 중요한 원리의 하나는《국부론》을 쓴 애덤 스미스의 '보이지 않는 손'일 것입니다. 수요와 공급을 통하여 자연적으로 시장 가격이 결정된다는 원리가 바로 보이지 않는 손인데요. 특히나 전 세계를 휩쓸었던 신자유주의의 사상적 바탕 또한 이러한 애덤 스미스의 이론들을 기반으로 하고 있습니다. 이렇게 광범위하게 퍼진 애덤 스미스의 이론들로 인해 우리는 수요와 공급의 원리를 마치 1+1=2와 같은 수학적 결과물인 듯이 오인하고 있습니다. 부동산에서도 마찬가지이고요. 부동산의 가격이 수요와 공급에 의해 결정될 것이라고 수학 공식처럼 생각하지만, 이는 애덤 스미스의 수요와 공급의 법칙에 대해서 정확히 이해하지 못하기 때문에 발생하는 오류입니다.

애덤 스미스의 보이지 않는 손은 시장이 완전한 자유경쟁 체제에 놓여 있고 정부의 간섭이 없을 경우에 온전하게 움직입니다. 하지만 부동산 시장의 경우 완전한 자유경쟁 시장의 범주도 아닐 뿐만 아니라 공공재의 성격도 강하기 때문에 정부의 규제와 간섭이 매우 큰 시장입니다. 더욱이 1914년 미국의 중앙은행 설립법을 통해 화폐 발행권을 가진 중앙은행이 등장하였습니다. 이로 인해 가격 결정의 가장 중요한 변수가 생겨나게 되었는데 이는 바로 시장에 풀리는 돈 즉 유동성입니다. 애덤 스미스가 말한 수요와 공급에 의해 시장 가격이 결정되는 자유시장은 더 이상 존재하지 않게 된 것입니다.

자본주의에서 가장 중요한 돈을 중앙은행이 긴축과 확장을 통하여 조절하기 때문에 공급과 수요와는 별개로 유동성에 의해 시장 가격이 결정되게 된 것입니다. 물론 공급과 수요가 가격 결정에 아무런 영향을 미치지 않는다는 것은 아닙니다. 당연히 부동산의 가격 결정에 공급과 수요도 영향을 미치지만 시장에 돈이 얼마나 풀렸는지가 더욱 중요해졌다는 말입니다. 공급이 과잉이어서 미분양이 쌓여가는 시기에도 유동성이 확장일로라면 실제 시장에서 거래 가능한 부동산들의 매매가는 높은 가격에 형성될 수 있고, 미분양이 줄어드는 시기에도 유동성이 긴축 중이라면 시장에서 실제 거래되는 매매가는 생각만큼 오르지 않은 가격에서 거래될 수 있다는 이야기입니다. 이렇게 중요한 유동성은 중앙은행이 관리하며 장기적으로는 추세 상승하나 시기마다 변곡점을 만들어 내며 긴축과 확장을 합니다.

부동산의 가격은 이러한 유동성과 밀접한 연관성을 가지고 움직이는 것입니다. 필자가 이 책에서 말하고자 하는 가장 중요한 것 중의 하나가 유동성이고, 바로 이러한 유동성의 움직임을 확인하여 부동산의 매수와 매도의 시기를 찾을 수 있을 것입니다.

: 유동성의 움직임을 관찰하고 예측하라 :

미국의 경우 중앙은행이 생긴 이후 달러의 교환가치는 90%나 하락하였습니다. 100년 전 100원에 사던 동일한 물건을 이제는 1,000원을 줘야 살 수 있게 된 것이죠. 더욱이 부동산의 경우 앞서 이야기한 것처럼 공급 자체도 정부가 조절을 합니다. 2016년 8월 25일 가계부채 대책의 핵심이 신규물량 제한이었던 것처럼 다른 재화들과는 다르게 정부가 깊숙이 관여하여 공급을 관리하고 있습니다.

아파트의 공급과 수요도 중요하지만 유동성이 어떻고 어떻게 움직일 것인지 그 향방에 대해 관찰하고 검토하는 것이 더욱 중요합니다. 이미 대부분의 물건 가격은 단순히 수요와 공급의 원리를 넘어서 유동성에 의해 결정되고 있기 때문입니다. 아파트의 가격을 예상하기 위해서는 아파트 공급보다 유동성 공급을 먼저 확인하여야 하는 것이지요.

연도별 통화량(M1) 추이

(단위 : 10억 원/평잔 기준)

구분	통화량 추이	전년대비 증감률
2013년	484,062	9.50%
2014년	536,733	10.90%
2015년	636,639	18.60%
2016년 1월	698,906	

출처 : 한국은행

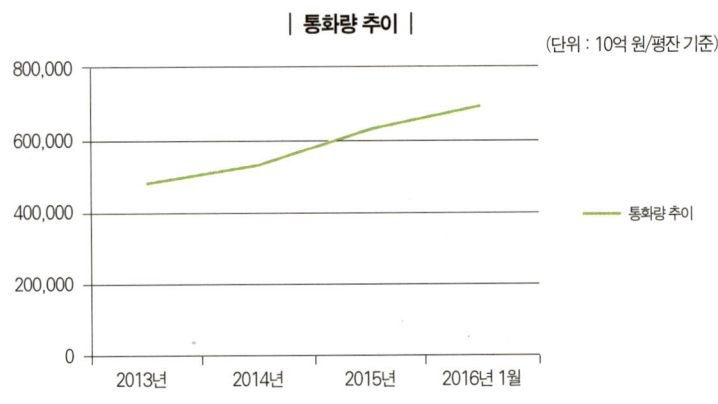

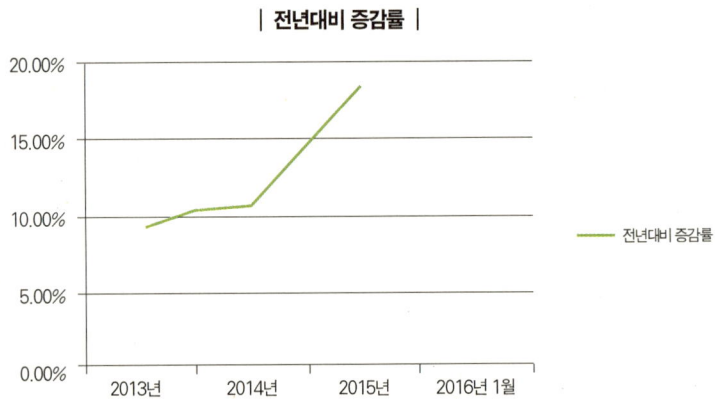

화폐의 가치와 부동산 시장

∶ 자본주의의 시작 프랑스 혁명과 영국 혁명 ∶

우리는 현재 서구 중심의 세계관 안에서 살고 있습니다. 그래서 우리가 의식을 하든 안 하든 서구의 중요한 정신들이 자연스럽게 스며들어 있지요.

토지를 바탕으로 한 사유재산의 발달은 대부분의 문명에서 왕정을 만들어 냈습니다. 서구 유럽 또한 현재의 모습을 갖추기 이전까지 왕정국가가 대부분이었고요. 왕은 명분이 약해지면 왕권도 약해졌습니다. 그래서 당시 왕들은 자신의 권력의 명분을 종교와 결합시켰습니다. 자신을 신의 대리인으로 연결하여 신>왕>나머지 형태의 구조를 만든 것이지요. 왕은 신과 연결이 되어있고 그러하기에 왕은 모두 위에 군림할 수 있다는 개념인 것입니다. 다수를 통치하기 위하여 정치와 종교의 결합은 필연이었습니다.

하지만 금융산업이 발달하면서 많은 자본을 가진 자본가들에게 왕의 이러한 절대 권력은 커다란 불만요소였습니다. 언제든 나의 소중한 재산이 몰수당할 수도 있기 때문이었습니다. 동서고금을 막론하고 1인자와 그 1인자의 자리를 노리는 2인자의 충돌은 결국 피할 수 없게 되어 있습니다. 현재 세계 최강국인 미국과 중국도 결국 언젠가는 충돌하게 되겠지요. 아무튼 당시 권력을 독점했던 왕과 귀족들에 반하여 금융자산가들을 중심으로 새로운 사상과 종교가 등장하기 시작합니다. 종교적으로는 구교의 부패에 대해 비판하며 왕권의 약화를 유도합니다. 더불어 권력을 시민들에게 분산해야 한다는 계몽사상을 바탕으로 정치적 변화도 모색합니다. 이러한 시도의 결실로 우리가 살고 있는 현재에도 영향을 미치는 중요한 혁명들이 발생합니다. 바로 프랑스 혁명과 영국 혁명입니다. 우리에게는 프랑스 혁명이 좀 더 친숙할 것 같습니다. 학교에서 시민혁명이라고 배운 기억도 있고요.

시민혁명! 자유, 평등, 박애의 기치를 내걸고 왕권을 깨뜨린 역사적인 사건입니다. 시민혁명이라는 단어 자체가 주는 어감은 일반 대중들에게는 대단히 매혹적입니다. 시민혁명으로 명명되니 일반 대중이 주체인 것 같아 보이니까요. 하지만 이 시민혁명의 이면을 좀 더 들여다보면 대단히 자유롭고 평등하지는 못합니다. 우선 시민혁명 사상의 주체와 선동의 주체가 제3계급이라 불리던 금융가와 자본가들이었기 때문입니다. 다른 관점으로 위의 두 혁명을 다시 보면 단순한 시민혁명이 아닌 경제를 쥔 자본가들이 심각한 소득불균형을 이용하여 대중을 계몽한다는 명분으로 군중을 선동하여 자신들의 정적인 왕권을 무너뜨린 사건인 것입니다.

그렇다면 왕정이 무너지고 새롭게 다가온 세상은 어떤 세상이었을까요? 바로 자본의 가치와 힘이 점점 거대해지는 자본주의 세상이었습니다. 역사는 승자의 기억 또는 의지에 의해서 결정되어지기에 자본가 계급인 부르주아에 의해 발발한 혁명이 시민혁명으로 포장되어 자유, 평등, 박애라는 고귀한 명분을 가지게 된 것일지도 모릅니다. 자유, 평등, 박애로 포장된 시민혁명의 이면에는 봉건적 사회의 최상위층이었던 왕과 귀족을 몰아내기 위한 세 번째 계층 즉 제3계급의 권력 투쟁의 암투가 존재했던 것입니다.

결국 두 혁명은 봉건적 사회와 경제를 뿌리 채 뽑아내고 자본주의적 사회경제 체제를 확립시킨 중요한 사건들이었던 것입니다. 이제 권력은 자본가들에게 넘어갔습니다. 자본주의가 자리 잡아갈수록 가장 큰 권력은 가장 많은 자본을 가진 사람에게 자연스럽게 쥐어졌습니다. 그리고 현재까지 이어져 오고 있는 것이지요.

∶ 부동산이 언제나 상승하는 것처럼 보이는 이유 ∶

대통령제를 채택한 국가에서는 많은 권한을 가진 대통령이 존재합니다. 하지만 이러한 대통령도 우리나라의 경우 불과 5년간의 짧은 권력에 불과합니다. 더욱이 대통령이 되기 위해서는 선거에서 승리해야 합니다. 이러한 선거에서 결정적인 역할을 하는 것은 결국 자본입니다. 단순히 선거자금의 이야기가 아닙니다. 경제 전반에 걸친 환경의 조성과 미디어를 통한 여론의 형성, 경제 지표들에 영향을 미치는 것은 결국 자본이며 결국 선거에서 결정적인 작용을 하게 된다는 말입니다.

현재 우리가 살고 있는 자본주의 사회에서는 누가 진정한 권력자일까요? 5년 임기의 대통령일까요? 아닙니다. 바로 거대자본인 것이지요. 이러한 거대자본은 시간이 지날수록 오히려 힘이 커지기까지 합니다. 이미 대부분의 국가에서 정치권력은 금융권력 아래에 있습니다. 최초의 부르주아들이 자본주의혁명을 시민을 앞세운 시민혁명으로 활용하였듯이, 표면적으로 드러나지는 않지만 정치인들이 현재 우리 사회의 권력자 혹은 관리자라고 생각하기는 어렵습니다. 이들의 수명은 짧을 뿐만 아니라 정치인들은 표를 얻기 위하여 결국 자본의 도움을 받아야만 하는 구조니까요. 정치인들은 결국 표를 얻기 위해 선심성 정책을 내놓아야 하고 이러한 정책은 대부분 금융자본에서 흘러나옵니다.

대부분의 국가는 미래의 세금을 담보로 중앙은행에서 채권을 발행하여 사용합니다. 국가의 채무는 늘어나고 채권을 가진 거대 자본의 힘은 커질 수밖에 없는 구조인 것이지요. 여기에 자본과 정치는 끊을 수 없는 고리(선심성 정책)가 더해져 지속적으로 화폐 발행량을 늘려가는 것입니다(세계 화폐의 기준인 기축통화 달러의 발행은 민간은행인 미국 연방 준비은행에서 하고 있습니다. 미국 재무부는 이자를 주고 채권만을 발행할 수 있지 화폐발행권을 가지고 있지 못하지요. 미국 연방 준비은행은 연방 준비은행을 소유한 주주들에게 매년 배당을 실시하고 있습니다).

이렇게 화폐의 발행이 늘어나면 화폐의 양이 많아져 화폐의 가치 즉 화폐의 교환가치가 떨어지게 되어 있습니다. 결국 부동산 같은 실물자산들의 가치는 그대로이지만 화폐의 교환가치가 떨어지니 실물자산들의 가격이 오르는 것처럼 보일 뿐인 것입니다. 문제는 앞서 말한 것과 같이 화폐의 발행량은 장기적으로 계속해서 늘어날 수밖에 없다는 것입니다. 이것이 장기적으로 부동산이 언제나 상승하는 것처럼 보이는 이유이기도 합니다.

인구 통계와 부동산 시장

: 인구통계학적 관점은 당대에는 극복 가능 :

앞에서도 말했지만 부동산 투자에서 가장 중요하다고 생각하는 것은 유동성의 확장과 긴축의 사이클입니다. 시중에 돈이 늘어나는 시기와 줄어드는 시기의 변곡점을 찾아서 투자의 시기를 정하는 것이 결국 부동산 투자에서 가장 중요하다는 말이지요. 그 다음 중요한 요소는 좋은 지역의 선택이 될 것입니다. 어느 지역이 가장 좋은지는 넓게 보면 쉬울 수도 있습니다. 현재처럼 미래에도 대한민국 부동산 투자 1순위는 서울이 될 테니까요.

부동산을 매수하고 얼마 안 돼서 바로 매매가가 오르기를 바라고 투자에 나서는 사람들이 있습니다. 정말 운이 좋다면 개중에 한두 번은 성과를 낼 수도 있겠지요. 하지만 대부분의 경우 사자마자 오르는 부동산은 많지 않습니다. 더욱이 오르기 전에 오를만한 지역을 선점하여 기다릴 줄 알아야 수익도 더욱 커지기 마련이고요. 또 일부 자본력과 정보력을 가진 집단과 함께 미리 특정지역을 선점한 후에 정보를 흘려 사람들을 불러 모아 매매가를 끌어올리는 방법도 있을 수 있겠지만 평범한 일반인들에게는 불가능한 일입니다. 결국 아무리 좋은 시기에 좋은 입지의 물건을 선택하더라도 그 지역의 부동산이 단기간에 상승하리라는 보장은 없다는 말입니다.

다만 좋은 입지의 부동산을 선택하면 임대나 매매가나 꾸준히 안정적인 흐름을 보일 가능성이 높기 때문에 쉽사리 흔들리지 않고 오를 때까지 기다릴 수 있는 힘이 될 수 있는 것이지요. 필자도 이번 사이클에는 2기 신도시 외의 기타 지역에도 투자를 하고 있지만 시간이 앞으로 10년, 20년 흐를수록 결국 대한민국 부동산 투자는 서울과 1기 신도시 정도로 좁혀질 것입니다. 시간이 더 지난다면 마지막에는 서울에서도 주요 지역 부동산에만 투자를 하게 되겠지만요(부동산 투자는 평생 해야지요. 시간이 흐를수록 점차 지역을 핵심지역으로 좁혀갈 뿐이지요).

위에서 언급한 유동성 사이클과 좋은 입지 이런 것들은 부동산 투자에서 중요한 요소들입니다. 그 외에 중요한 것들은 공급물량과 장기적인 인구통계학적 관점 등인데요. 하지만 이 인구통계학적 관점은 이 책을 읽고 있는 우리가 살아있는 동안에는 투자 지역을 서울 등 핵심지역으로 한정한다면 충분히 극복이 가능합니다. 대한민국 인구가 5,000만 명 미만으로 줄어든다 하여도 서울에 살고자 하는 1,000만 명은 반드시 존재할 테니까요. 더욱이 인구통계학적으로 인구수가 줄더라도 가구수 증가라는 변수가 있고, 핵심지역의 공급 확대에는 한계가 있으며 인구통계와는 상관없이 핵심지역에 대한 수요와 선호도는 꾸준할 테니까요. 다만 비핵심지역의 투자는 인구통계학적인 지표에 민감하게 영향을 받을 수도 있습니다.

점차 부동산 투자는 조금 비싸 보여도 핵심지역의 부동산에만 관심을 가지는 습관을 가져야 할 것 같습니다. 시간이 지날수록 부동산 시장도 양극화 현상이 벌어질 가능성이 높기 때문입니다. 장기적으로 일부 지역에서는 공실에 대한 부담이 점차 커질 수밖에 없으니까요. 이번 사이클에 여러 지역에 투자를 하여 성공을 거두었다 하더라도 장기적으로 다음 사이클부터는 수익률이 적어 보여도 핵심지역들로 한정하여 투자에 나서야 최악의 경우에도 소중한 우리의 자산을 지켜내는 밑거름이 될 것입니다. 그렇기 때문에 대한민국 전체와 주요 지역들의 인구통계학적 지표들을 관심을 가지고 살펴보아야 합니다.

: 수도권 인구 증가 속도 여타 지역 압도 :

2015년 기준 대한민국 인구는 5,107만 명으로 2010년 4,971만 명에 비해 136만 명 증가하였는데요. 2000년 이후 연평균 0.57%씩 인구가 증가해 왔습니다. 이러한 인구는 2030년까지 증가할 것으로 통계청은 보

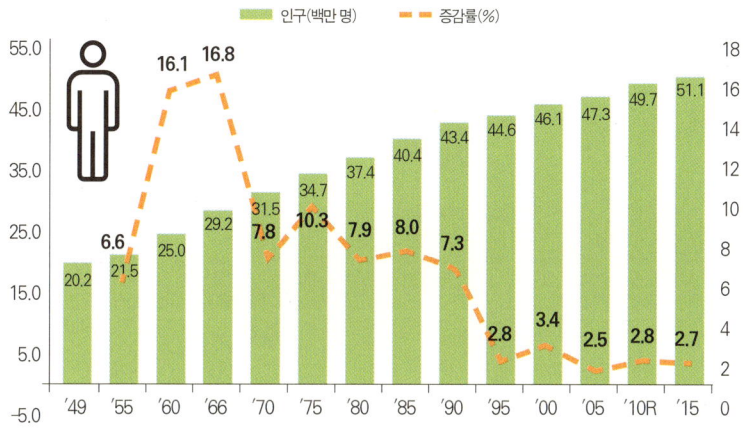

고 있고요. 2030년의 인구는 현재보다 110만 명이 증가한 5,216만 명으로 예상하고 있습니다.

　대한민국의 인구밀도는 509명/km²로 2010년의 497명/km²보다 12명이 증가하였고요. 특별시와 광역시에 3,936명/km²이 조밀하게 몰려 있습니다. 특히 재미있는 것은 서울 16,364명/km²으로 압도적인 수치를 보이고 있다는 점이고, 이러한 서울의 수치로 인하여 일부 광역시의 인구밀도까지 높아져 보인다는 것입니다. 참고로, 부산 4,577명/km², 광주 2,970명/km², 대전 2,873명/km², 대구 2813명/km², 인천 2,781명/km², 경기도 1,231명/km², 울산 1,022명/km², 경상남도 319명/km², 충청남도 240명/km², 전라북도 232명/km², 충청북도 212명/km², 전라남도 157명/km², 경상북도 142명/km², 강원도 91명/km²의 순입니다.

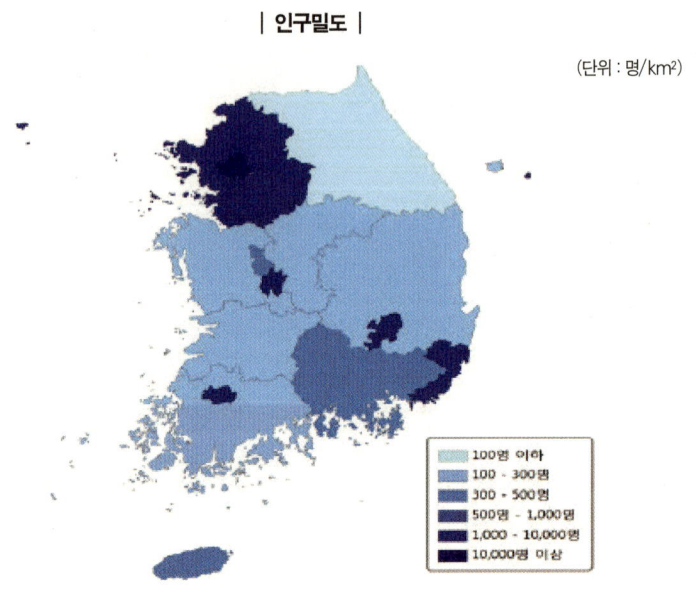

　　위에서 알 수 있듯이 광역시와 서울의 인구밀도에는 많은 차이가 있습니다. 이러한 갭은 앞으로 더욱 벌어질 가능성이 높습니다. 우선 권역별로는, 시간이 지날수록 수도권 거주자들은 서울로 그리고 광역권 지방은 광역시 쪽으로 부동산 선호도가 집중될 가능성이 높고요. 이는 자연스럽게 향후 매매가 형성에 중요한 변수로 작용하게 될 것입니다. 그리고 장기적으로 가장 안정적인 투자처는 수도권 그 중에서도 서울이 될 것 같은데요. 이렇게 예상하는 가장 큰 이유는 수도권 인구 증가 속도가 여타의 광역권을 압도하고 있기 때문이지요. 이러한 수도권 인구 증가는 결국 서울에 부동산 투자를 하고자 하는 가수요군의 확대라고 봐도 무방합니다.

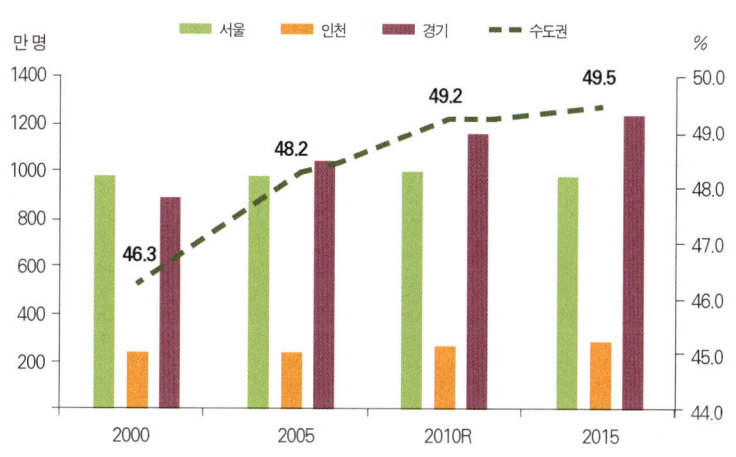

출처: 통계청

　2015년 기준 수도권 인구는 2,527만 명으로 전체 인구 5,107만 명 중 49.5%를 차지하고 있는데요. 2000년 총 인구가 4,610만 명이었을 당시 수도권에는 2,134만 명이 거주하여 당시 전체 인구의 46.3%를 차지하고 있었습니다. 대한민국 총 인구가 2000년부터 15년간 497만 명 증가하는 동안 수도권 인구는 393만 명 증가해 전체 인구 증가분의 80%를 차지했는데요. 지난 15년간 지방 분권화를 위해 정부 차원의 많은 관심과 노력을 기울였음에도 나타난 수치이기에 이러한 현상은 앞으로도 지속될 것으로 보입니다. 결국 이렇게 증가하는 수도권 인구들이 장기적으로 서울에 들어오려고 하거나 서울 부동산에 투자하고자 하는 대기자 역할을 하게 될 것입니다.

∶ 인구수 증가보다 빠른 가구수 증가율 ∶

현재 대한민국의 가구수는 1,956만 가구로 2010년 1,796만 가구보다 160만 가구 증가하였습니다. 지난 5년간 인구는 136만 명이 증가한 반면, 가구수는 인구수보다 많은 160만 가구나 증가한 것으로 나타났습니다. 가장 큰 이유는 가구를 구성하는 가구 구성원의 수가 2.53명으로 5년 전 2.68명보다 0.15명 감소했기 때문이지요. 점점 소형 핵가족화 되는 현상으로 인하여 인구수 증가에 비해 가구수 증가율이 높아지고 있는 것입니다. 이러한 가구수 증가 현상은 1인 가구 증가와 맞물려 인구수 증가가 멈추는 2030년 이후에도 꾸준히 이어질 것으로 보입니다.

| 연도별 총조사 가구 및 증감률 |

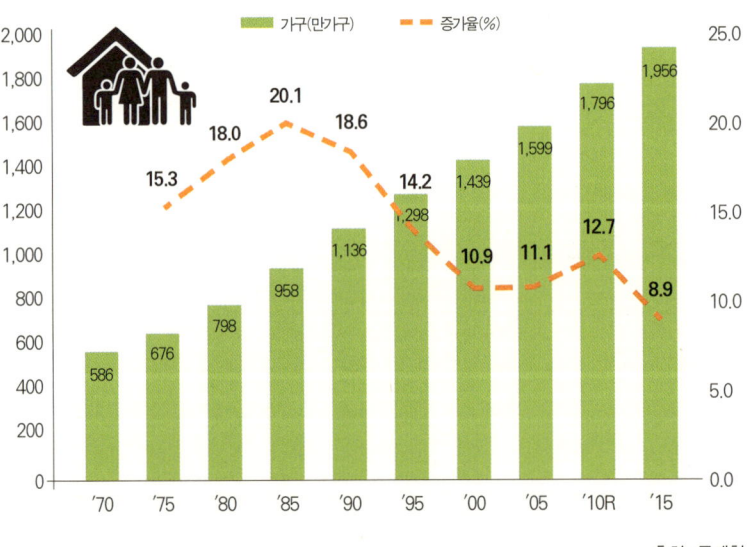

출처 : 통계청

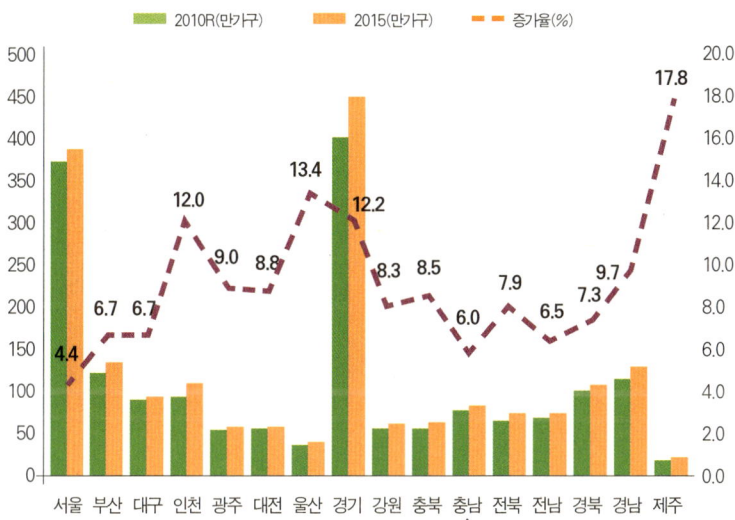

　통계청은 가구수가 2030년까지 5년 평균 7%의 증가세를 보일 것으로 예상하고 있는데요. 이를 바탕으로 가구수를 추정해 본다면 2020년 2,092만 가구, 2025년 2,238만 가구, 2030년 2,394만 가구로 증가할 것으로 예상되고 있습니다. 현재의 1,956만 가구를 기준으로 본다면 15년 뒤인 2030년에는 대략 23%가량 가구수가 증가하는 것으로 예상되는 것입니다. 이러한 가구수도 위에서 언급한 인구수를 근거로 본다면 수도권에서 가장 많이 증가할 것으로 예측됩니다.

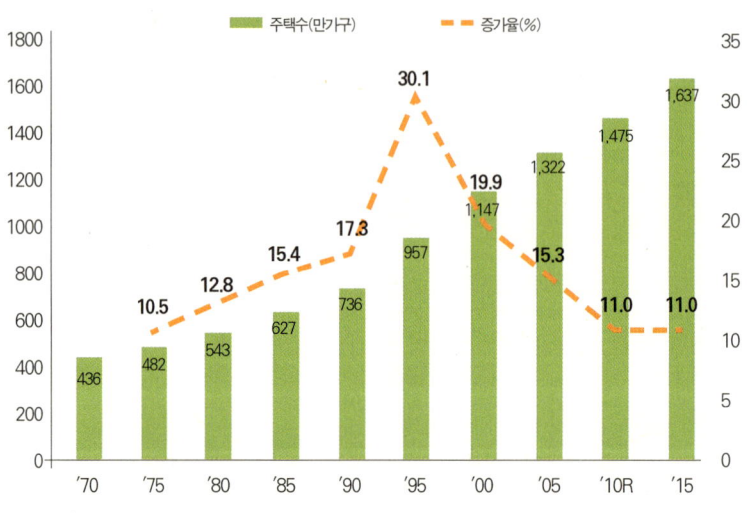

출처 : 통계청

: 주택수는 주요국 대비 여전히 부족한 상태 :

현재 총 주택수는 1,637만 호입니다. 2010년의 1,475만 호보다 162만 호 11% 증가하였는데요. 가구수가 현재 1,956만 가구로 2010년 1,796만 가구보다 160만 가구가 증가하여 8.9% 증가하였으니 가구수 증가보다 주택수의 증가 속도가 빠른 편입니다. 그럼에도 여전히 가구수 1,956만 가구와 주택수 1,637만 호 사이에는 319만 호의 갭이 존재하고 있기 때문에 주택은 여전히 부족한 상태라고 보면 됩니다.

더욱이 주택수 1,637만 호 중에 107만 호는 빈집 상태인데요. 이것을 근거로 전체 가구수와 주택수를 비교해 보면 전체 가구수는 1,956만 호이고요. 실제 거주가 가능한 주택수는 1,530만 호라고 보아도 되기에 실제 가구수와 주택수 간의 간극은 426만 호에 달합니다. 주택보급률과는 조금 다른 이야기이지요. 실제 주택보급률 또한 우리보다 주택 공급의 역사가 긴 나라들 대부분 110%를 넘나들고 있고 그럼에도 가격은 오르고 있습니다. 일본도 도쿄도를 중심으로 현재 주택 가격이 상승하고 있습니다(현재 서울의 주택보급률은 98%, 일본 도쿄도는 114%).

주택보급률은 통계상 허점이 많음에도 불구하고 주택보급률이 100%가 넘으면 집값이 안정된다고 생각하는 사람들이 많습니다. 하지만 위에서 말한 것처럼 주택보급률이 110%가 넘은 나라들도 주택의 가격은 상승하고 있습니다. 유동성의 증가가 가장 큰 이유입니다.

주택 보급과 관련한 또 다른 지표는 인구 1,000명당 주택수인데요. 현재 대한민국의 인구 1,000명당 주택수는 320호입니다. 2010년 296호에 비해서는 23.8호 증가하였는데요. 이 또한 주요 국가의 인구 1,000명당 주택수와 비교해 보면 대한민국의 주택수가 부족한 상태임을 알 수 있습니다.

우리보다 주택 공급을 먼저 해온 주요국들의 인구 1,000명당 주택수는 대부분 400호를 넘어섰고요(미국 419호, 영국 434호). 일본의 경우는 476호에 달합니다. 이 수치는 우리나라에 비해서는 무려 49%나 많은 1,000명당 주택수입니다. 미국이나 영국 모두 인구 1,000명당 주택수가 400호를 넘어선 현재에도 주택 가격은 꾸준히 상승하고 있는 중이고요. 역시나 일본의 경우도 도쿄도를 중심으로 다시 주거형 부동산이 상승세를 보이고 있습니다. 이를 대한민국 부동산에 연결하여 추론해 본다면 인구 1,000명당 주택수가 400호 이상이 되어도 부동산 가격의 상승은 가능하며, 인구 1,000명당 주택수가 500호 가까이 되어도 핵심지역, 즉 대한민국으로 치면 서울의 경우에는 부동산 가격이 상승할 수 있다는 것입니다.

: 서울의 부동산이 장기적으로 가장 유리 :

빈집에는 재건축 대기수요 또는 오래되어 살기 어려우나 재건축 재개발이 불가능한 빈집, 그리고 일부 지역에서 단기간 일시적 공급과잉으로 빈집 상태인 주택들이 있는데요. 이중 가장 문제가 되는 빈집은 바로 재

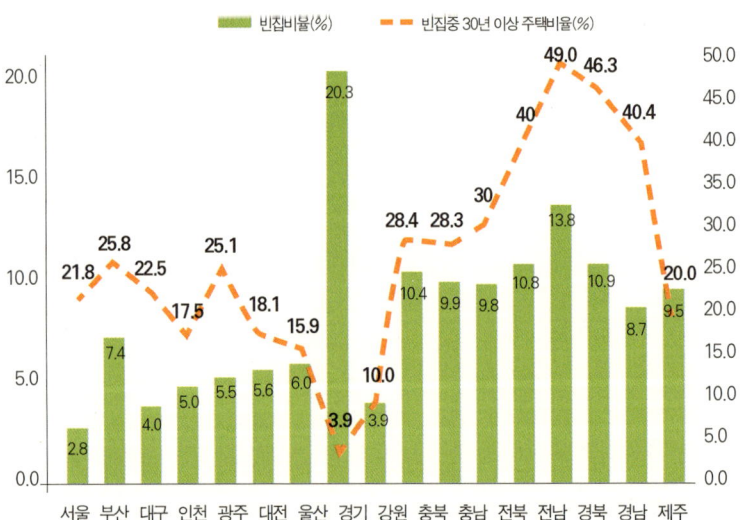

| 시도별 빈집비율 및 빈집 중 30년 이상된 주택비율 |

출처 : 통계청

건축 재개발이 불가능한 빈집일 것입니다. 이러한 빈집(공가)은 지방권을 중심으로 해서 증가할 가능성이 높다는 것이 더욱 문제입니다.

우리가 투자 지역 선정 시에 특히 눈여겨봐야 할 곳은 30년 이상 된 주택이 많은 지역인데, 빈집 비율이 높을 경우 결국 해당 지역에서 재건축이나 재개발 사업이 원활하게 진행되기 어려운 상태라고 보아도 크게 다르지 않을 것입니다. 결국 재건축이나 재개발이 불가능한 주택이 많다는 것을 의미하는데요. 이러한 지역들은 도심 정비도 어렵지만 신규 택지 개발도 어려울 가능성이 높기 때문에 해당 지역의 가격 상승을 견인할 에너지(신축 주택)가 점차 감소할 것입니다.

이러한 현상은 자연스럽게 주택 매매가와도 연결이 되겠지요. 그렇기 때문에 투자 시에 지역 선택에 신중을 기하여야 합니다. 가급적이면 빈집 비율이 낮은 지역이 유리하다는 말입니다. 계속해서 말해온 서울의 경우 빈집 비율은 전국에서 가장 낮은 2.8%에 불과하고, 그 중에서 30년 이상 된 오래된 주택은 21.8%입니다. 서울의 경우 대부분 재건축이나 재개발을 통하여 신축 주택으로 탈바꿈할 가능성이 높습니다. 이러한 서울의 신축 가능 물건들은 가격 상승의 새로운 원동력이 될 수밖에 없을 것입니다.

과거처럼 어떤 지역의 부동산이든 매입하기만 하면 다 오르는 시대는 끝나간다는 이야기이기 때문에 대단히 중요한 내용입니다. 재건축과 재개발 사업이 어느 지역에서 꾸준하게 진행될 가능성이 높은 지가 앞으로 부동산 투자에 있어서 중요한 요소 중의 하나가 될 것입니다. 투자 전에 반드시 면밀히 살펴봐야 할 지표인 것입니다.

앞으로는 단순히 주택 가격이 저렴한 지역이나 단지를 가격만 보고 투자하였다가는 장기적인 감가상각의 손실을 온전히 끌어안아야 할 가능성이 커질 것입니다. 결국 임대 수익보다 손실이 커질 가능성도 배재하기 어려운 것이지요. 단순히 현재 시점의 월세 수익률만을 감안하여 주택 투자에 나서서는 위험 부담이 커진다는 말입니다.

마지막으로 생산가능 연령과 베이비부머의 은퇴에 대한 이야기가 부동산의 미래를 예상할 때 많이 다뤄지는데요. 고령화 사회에 진입하면서 64세 이상의 세대들이 생산가능 연령에서 벗어난다고 해서 주택을 매각할 가능성은 낮은 것이 사실입니다. 그럼에도 일본의 경우를 사례로 들어 많이 활용이 되고 있는데요. 일본의 경우는 앞서 언급했듯이 생산가능 인구의 감소보다는 공급과잉 상태(인구 1,000명당 주택수 476호), 금리 사이클 활용의 어려움(국가부채), 그리고 빈집 비율 13% 이상이라는 점이 장기 부동산 침체의 가장 큰 원인인 것입니다. 서울의 빈집 비율은 다시 말하지만 2.8%입니다.

마지막으로 정리를 하자면, 인구수는 2030년까지 5,216만 명으로 증가할 예정이고요. 가구수는 현재 1,956만 가구에서 2030년까지 2,394만 가구로 증가할 예정입니다. 주택수는 현재 1,637만 호이고요. 2030년까지 증가할 가구수만큼 주택수를 늘리기 위해서는 멸실 주택수를 아예 번외로 하고도 추가적인 757만 호가 필요합니다. 이러한 인구와 가구의 증가는 수도권에 점차 집중이 되고 있기에 수도권 부동산 투자가 상대적으로 유리해 보이는 것입니다. 특히나 핵심지역인 서울의 부동산이 장기적으로 가장 유리합니다. 그리고 신규 투자지역 선정 시 공가 비율과 재건축과 재개발 사업의 가능 유무를 면밀히 살펴보아야 하며, 인구 1,000명당 주택수가 400호 이상이 되기 전까지는 주거 불안이 지속될 가능성 또한 높아 보입니다.

정부 정책과 부동산 시장

: 어떤 정부든 부동산 정책의 큰 그림은 완만한 상승 :

모든 부동산 정책들은 결국 완만한 상승을 목표로 하고 있습니다. 정부는 정부별로 다양한 부동산 정책을 내놓는데요. 어떠한 부동산 정책을 내놓든 해당 정책에 대해 여러가지 의견이 나오기 마련입니다. 부동산이 오를 때는 오르는 대로 떨어질 때는 떨어지는 대로 대부분의 사람들에게 부동산 정책은 늘 실패한 정책인 것처럼 인식됩니다. 사람들은 정책이 나오면 바로 다음날부터 시장에서 효과를 보이길 원하지만, 부동산이라는 자산 자체가 워낙 무거운 재화이기에 정책이 시장에서 바로바로 먹혀들기 어렵고 일정한 시간이 흘러야 정책적 효과가 나타나기 때문이지요.

하지만 실제 대한민국 부동산 정책은 큰 틀에서 정교하게 진행되고 움직이며 큰 방향의 흐름을 만들어 냅니다. 큰 그림을 그리며 한 발 한 발 나아가는 것이지요. 때로는 한 발 한 발인 이러한 작은 정책들에 너무 연연하다 큰 그림을 놓칠 수 있습니다. 정부에서 그리는 큰 그림이 무엇인지 파악을 하여야만 적절히 대응할 수 있는 것입니다. 보수정권이나 진보정권이나 부동산 정책의 큰 그림은 완만한 상승입니다. 완만한 상승이 정권 창출이나 유지에 유리하기 때문이지요. 이 완만한 상승에는 중요한 의미가 숨어 있습니다. 어떠한 정부도 부동산을 하락시키기 위한 정책을 펴지는 않는다는 것입니다.

무슨 말이냐 하면 급등기에는 급등세를 진정시키기 위해 규제책을 사용하지만, 침체기에 부동산을 하락시키기 위한 규제책을 내놓지는 않는다는 말입니다. 말장난 같지만 이는 굉장히 중요한 인사이트입니다. 부동산이 하락하면 진보정권이든 보수정권이든 강력한 부동산 부양책을 내놓게 됩니다. 그러다 부동산이 급등하면 규제책이 나오지만 결국 이 규제책은 완만한 상승을 목표로 하고 있지, 부동산 하락을 목표로 하고 있지는 않다는 말이지요.

박근혜 정부 부동산 정책의 큰 그림은 도심 재정비사업 유도와 기업형 임대사업자 육성 즉 뉴스테이에 큰 방향성을 가지고 있습니다. 두 사업 모두 부동산 시장 침체기에는 진행 자체가 불가능한 일들입니다. 결국 두 사업을 무사히 진행하기 위해서는 부동산 시장이 침체로 빠지는 것을 두고 보지는 않을 것입니다. 완만한 상승을 위해 시장에 자잘한 충격은 주겠지만 결국 뉴스테이를 정착시키기 위하여 상승적 기조를 유지하려고 할 것입니다.

이번 정책 편의 핵심은 뉴스테이와 관련한 이야기가 될 것입니다. 우선 간략하게 지난 정부별 부동산 정책을 요약하고, 향후 부동산 시장에 있어 가장 중요한 변수가 될 분양가상한제, 그리고 개정된 도정법에 대해서 살펴보고, 가장 중요한 뉴스테이에 대해서 상세히 알아보도록 하겠습니다.

: 각 정부별 부동산 정책 :

| 각 정부별 부동산 대응 및 변화 |

구분	김대중 정부 (98~02)	노무현 정부 (03~07)	이명박 정부 (08~12)	박근혜 정부 (13~현재)	다음 정부
주택경기	회복기	활황기	침체기	회복기 및 활황기	활황기 →침체기
정책기류	규제완화	규제강화	규제완화	규제완화 후 규제시작	규제강화
기준금리	5%→4.25% 하락기	4.25%에서 3.75%로 하락후 5%로 상승	2.75%까지 하락 금리 하락기	1.25%까지 하락 금리 하락기	금리 상승기
GDP 성장률	연평균 5.1%	연평균 4.5%	연평균 3.2%	3.0%(목표치)	?
인구추이	4,610만 명 (2000년)	4,730만 명 (2005년)	4,970만 명 (2010년)	5,110만 명 (2015년)	5,200만 명 (2020년)
미분양주택	5.9만 호 →2.5만 호	3.8만 호 →11.2만 호	16.6만 호 →7.5만 호	2016년 9월 6.3만 호	?

1. 김대중 정부(1998~2003년)

김대중 정부는 대한민국 경제사의 최대 흑역사인 IMF 이후에 들어선 정부였습니다. 첫 진보정권이었지만 김대중 정부는 내수경기 부양을 위해 유례없이 강력한 부동산 완화책을 내놓습니다.

- 아파트 분양가 전면 자율화
- 소형주택 의무율 폐지
- 분양권 전매제한 완화
- 양도소득세 한시 면제 및 취등록세 한시적 감면

등의 정책을 집중적으로 내어 놓았습니다. 이러한 정책에 힘입어 2000년 이후 부동산 경기가 회복되고 투기지역들이 발생하자 2002년부터는 부동산 규제책들을 하나씩 내놓습니다.

- 재건축기준 강화 및 자금출처 조사
- 양도세 감면 축소
- 투기지역 양도세 실거래가 과세

등의 규제책을 내놓았지만 금리와 경기가 사이클상 바닥을 치고 회복 국면이었기에 부동산은 상승세를 유지하였습니다.

2. 노무현 정부(2003~2008년)

노무현 정부는 탄생부터 노사모의 출현과 저금통 모으기 운동 등 서민들의 풀뿌리 응집력으로 탄생한 정부였는데요. 친서민적인 정책들이 나올 가능성이 그 어느 정부보다 높았지요. 더욱이 당시 과열되던 부동산 시장에서는 자연스레 규제책들을 예상하게 되었고, 그 결과 2003년 10월 29일 주택시장안정 종합대책이 나오게 되었습니다.

- 1가구 3주택자 양도세 중과(60% 단일세율)
- 종합부동산세 신설 예고
- 투기지역 LTV 강화(50% → 40%)
- 전용면적 60제곱미터 이상 주택거래 신고제 도입
- 재건축 개발이익 환수 방안

위와 같은 강력한 규제책이 나옵니다. 과열되던 부동산 시장은 2004년 잠시 주춤하는듯했지만 이미 불이 붙은 활황기의 부동산을 완만한 상승세로 돌리기는 어려웠습니다. 그래서 임기말까지 금융규제의 핵심인 총부채상환비율(DTI) 도입, 공급 확대를 위한 신도시 택지개발기간 단축 등 여러 가지 부동산 정책을 끊임없이 내놓았지만 풀려버린 유동성 장세를 바로 막아내기는 역부족이었고요. 이 상승세는 2008년 미국발 금융위기가 막아줄 때까지 이어졌습니다. 유동성 장세로 부동산이 일단 활황기로 접어들면 어떠한 규제책이 나와도 바로 그 상승세를 꺾을 수 없다는 사실을 입증한 시기였습니다.

덧붙여 현재 대한민국 부동산 시장은 회복기를 지나 유동성 장세로 흘러가려고 하고 있는데요. 이러한 시장의 흐름이 다음 정권까지 이어진다면 다음 정권에서는 부동산 규제책이 나올 가능성이 상당히 높습니다. 그럼에도 한번 들어선 유동성 장세는 노무현 정부 시절의 사례를 생각해 본다면 상승세가 쉽사리 꺾이기는 어려울 것입니다.

3. 이명박 정부(2008~2013년)

건설회사 대표 출신이자 보수정권인 이명박 정부의 등장은 2008년 금융위기 이후 침체된 부동산 시장의 구원투수가 되리라 많은 사람들이 기대를 하였습니다. 하지만 일부는 맞고 일부는 틀린 예상이 되어버렸지요. 규제 완화는 대부분 한시적이라는 타이틀을 단 완화책들이 주를 이루었습니다. 그리고 재미있는 것은 이명박 정부의 첫 번째 부동산 정책은 2008년 6월 11일 발표한 지방 미분양 주택 정책이었습니다. 지방 부동산의 취등록세를 50% 감면해 주었고, 양도세가 비과세 되는 일시적 2주택 인정기간을 연장해(1년 → 2년) 주었습니다. 그리고 반대로 수도권에는 보금자리주택 정책을 내놓았습니다. 자연스레 지방은 살아나고 수도권은 오랜 침체기를 겪어야만 했습니다. 이명박 정부 기간 동안 지방 부동산은 상승하고 수도권은 약세를 보인 것은 어찌 보면 당연한 결과인 셈이지요.

4. 박근혜 정부(2013년~현재)

박근혜 정부의 부동산 정책은 2013년 4월 1일 종합부동산대책부터 시작을 합니다. 4.1종합부동산대책의 핵심 내용은 다음과 같습니다.

- 수도권 보금자리주택 사업 신규 지정 중단
- 공공분양 축소(7만 호 → 2만 호)
- 85m² 이하, 6억원 이하 부동산 매입 시 5년간 양도소득세 면제
- 수직증축 리모델링 허용

수도권 보금자리주택 신규 지정 중단만으로도 수도권 부동산에는 부활의 전조가 될 기회를 제공합니다. 그 후 추가로 수도권 부동산 상승의 결정적인 트리거가 된 2014년 7월 24일 주택시장 정상화 대책이 나옵니다.

- LTV(70%), DTI(60%) 규제 완화
- 재건축 초과이익환수제 유예
- 분양가상한제 탄력 운영

이처럼 수도권 부동산 시장에서 가장 원하는 정책 카드를 내어 줍니다. 수도권 부동산은 살아나고 현재에 이르고 있습니다. 그리고 2015년 도정법을 개정했고, 뉴스테이 관련 법안을 통과시켰습니다. 즉 기업형 임대주택을 위한 큰 그림이 그려진 것입니다. 이 사업은 일반 기업들은 물론이고 공기업과 금융권까지 관심을 갖는 사업이기에 이명박 정부의 보금자리주택처럼 다음 정부에서 쉽사리 폐기처분하기는 어려워 보입니다. 결국 대한민국 부동산은 새로운 변혁의 시기를 맞이하게 될 가능

성이 높다는 이야기인데요. 관련 내용은 뒤의 뉴스테이 부분에서 자세히 다루도록 하겠습니다.

∶ 분양가상한제 적용 여부에 따른 대응 필요 ∶

대한민국 부동산 역사에서 분양가상한제를 실시한 적은 2번입니다. 1989년 노태우 정부와 2007년 노무현 정부 때였습니다. 보수가 집권하면 부동산 부양책을 내놓고 진보가 집권하면 부동산 억제책을 쓸 것이라고 일반화하여 단정 짓는 사람들이 많습니다. 하지만 김대중 정부, 박정희 정부, 노태우 정부의 부동산 정책들을 살펴보면 부동산 정책과 진보와 보수는 별다른 연관성이 없다는 것을 어렵지 않게 확인할 수 있습니다.

보수든 진보든 부동산 정책의 핵심은 완만한 상승입니다. 완만한 상승을 해야만 정권 창출에 유리하기 때문이겠지요. 실수요자 중심의 부동산 상승기에는 사실 분양가상한제는 별다른 효력이 없습니다. 실제 수요에 의해서 움직이기 때문에 가격 상승이 완만하기 때문이지요. 하지만 유동성 장세로 변모하면 분양가상한제를 적용받는 지역과 적용받지 않는 지역의 차이는 점차 벌어집니다.

1998년 김대중 정부가 분양가를 전면 자율화한 이후 2007년 분양가상한제를 다시 시작할 때까지 10여 년간 수도권 부동산은 말 그대로 대세 상승을 하였습니다. 그런데 2015년 다시금 분양가상한제가 민간택지에 한해서 폐지가 되었습니다. 더욱이 앞으로 다가올 장세는 유동성 장세가 될 가능성이 대단히 높습니다. 유동성 장세에서는 결국 돈이 돈을 불러들입니다. 분양가상한제를 적용받는 지역과 적용받지 않는 지역 중에 고르라고 한다면 당연히 분양가상한제를 적용받지 않는 지역에 투자를 하여야 합니다. 투자 수요가 더욱 몰리게 될 테니까요. 아직까지는 분양가상한제를 적용받지 않는(향후 강남권부터 분양가상한제 재적용이 될 가능성이 높지만) 강남권 분양권 가격만 하늘 높은 줄 모르고 올랐지만, 유동성 장세가 진행되면 될수록 강남 이외 민간 택지들의 상승률도 점차 커질 것입니다.

 수도권의 유망한 지역 중에서도 결국 분양가상한제를 적용받는 지역과 적용받지 않는 지역 간에는 조금씩 그 격차가 커져갈 확률이 높다는 말입니다. 실수요자 장세에서는 분양가상한제가 적용된 지역들의 인기가 더 많을 수 있습니다. 하지만 앞으로 유동성 장세가 오고 투자 수요가 더 늘어난다면 분양가상한제를 적용받지 않는 지역들이 높은 가격으로 분양되고 완판이 된다면 주변의 단지들도 덩달아 올라간 시세로 자리를 잡게 될 것입니다. 여기에 또 다른 신규 분양이 높은 분양가에 이루어지고 완판 이후에 자연스레 주변과 동반 상승하는 상승 사이클을 타게 되는 것이지요. 이러한 흐름은 당연히 분양가상한제를 적용받는 지역에서도 발생하기는 하는데요. 그럼에도 분양가 규제를 받기 때문에 상승률이 분양가를 자유롭게 낼 수 있는 지역에 비해 떨어질 수밖에 없는 것입니다. 민간 택지의 분양가상한제 폐지 여파는 현재 상황인 부동산 회복기가 아닌 앞으로 올 활황기에 그 진가를 발휘하게 될 텐데요. 투자 시

한번쯤 고려해 볼 내용입니다.

- **분양가상한제**

    1989년 주택법 개정에 따라 공공택지를 공급받아 건설하여 공급하는 공동주택에 한하여 분양원가연동제가 실시되었다. 1990년대 후반의 외환위기로 주택시장 경기가 침체되자 1999년 국민주택기금을 지원받는 공동주택 외에는 분양가격의 전면 자율화가 실시되었다. 2000년대 이후 부동산경기가 과열되자 집값 안정을 위하여 다시 공동주택의 분양가격을 규제하게 되었고, 2007년 주택법을 개정하여 분양가상한제를 전면 적용하였다. 이 제도에 따른 분양가격 산정은 '건축비(기본형 건축비+건축비 가산비용)+택지비'를 합산하는 방식으로 계산된다. 이 제도에 적용되는 주택을 분양할 때는 산정된 분양가격 이하로 공급하여야 하며, 입주자 모집 공고 안에 규정된 양식에 따라 분양가격을 공시하여야 한다.

    출처 : 분양가 상한제〔分讓價上限制〕(두산백과)

: 뉴스테이 사업과 밀접한 도정법 개정안 통과 :

2016년 1월 8일에 국회 본회의를 통과한 도정법 개정안 즉 '도시 및 주거환경정비법(도정법)' 개정안을 알아보겠습니다. 이 도정법은 주로 재건축 재개발과 밀접하게 연결되어 있는 법령이고, 뉴스테이와도 관련이 있기 때문에 정확히 이해하고 있어야 합니다.

재건축과 재개발 사업의 핵심은 사업의 속도라고 봐도 무방할 정도로 사업 진행 속도가 수익과 사업의 성공에 직접적으로 연결됩니다. 하지만 재건축이나 재개발 사업장에서는 언제나 여러 가지 변수들이 발생합니다. 주로 조합의 비리나 조합원 간의 분쟁이 그 원인이 되는 경우가 많이 있는데요. 이번 도정법 개정안이 중요한 이유는 이러한 도시정비와 관련된 분쟁 요소들을 미연에 방지하고 사업의 속도를 올리는데 그 목적이 있기 때문입니다. 주요 내용을 살펴보면 다음과 같습니다.

1. 일부 소유자의 반대로 인한 사업 지연을 방지하기 위해 재건축시 동별 구분 소유자 동의율을 기존 3분의 2에서 2분 1로 완화
2. 정비구역 지정 권한 이양(도지사 → 시장/군수) : 정비구역 지정이 수월해짐
3. 기반시설 기부채납 시 현금 납부 허용
4. 용적률 인센티브에 따른 임대주택 공급 시 조합 부담 완화
5. 조합의 전문성 제고를 위해 '전문 조합관리인' 제도 도입
6. 추진위/조합설립 동의 시 검인 동의서 제도 도입
7. 장기지연 사업장 등에 공공기관 참여 확대

대체적으로 사업성 확보를 위한 속도의 개선을 위한 정책들과 용적률과 기부채납에 대한 인센티브 제공 등 실제 도시정비 사업 진행 시 대단히 도움이 되는 내용들이 많이 있습니다. 하지만 이러한 내용들 보다 우리가 눈여겨볼 항목은 4번 용적률 인센티브에 따른 임대주택 공급 시 조합 부담 완화, 그리고 5번 전문 조합관리인 제도 도입, 7번 장기지연 사업장 등에 공공기관 참여 확대인데요.

결과적으로 뒤에 이어지는 기업형 임대주택 사업인 뉴스테이 사업과 밀접한 연관성이 있는 법 개정 내용들입니다. 이 법령들을 토대로 기존의 조합 위주의 도시정비 사업이 새로운 주체들(주로 민간기업, 일부 LH공사)에 의해 진행될 개연성이 상당히 높아지게 되었습니다. 사업성이 있는 곳은 주로 민간기업이 자연스럽게 차지하게 될 것이고요. 사업성이 떨어져도 안전성 등의 문제로 긴급 재건축 또는 정비가 필요한 사업장은 LH 등 공공기관에 의해서 진행될 수 있는 계기가 마련된 것이죠. 이 내용은 뉴스테이와 함께 좀 더 자세히 알아보겠습니다.

주요국 주택 보유율	
국가	주택 보유율
대한민국	58%
미국	63%
호주	67%
오스트리아	57%
벨기에	72%
브라질	73%
캐나다	67%
덴마크	63%
핀란드	73%
프랑스	65%
독일	53%
그리스	74%
홍콩	51%
네덜란드	67%
멕시코	76%
일본	62%

출처 : http://ko.tradingeconomics.com

: 뉴스테이는 부동산 판을 바꿔놓을 새로운 시스템 :

2016년 2월 박근혜 대통령은 청와대에서 '2016년 국정과제 세미나'를 주재하였는데요. "전세라는 것은 하나의 옛날 추억이 될 것"이며, "기업형 임대주택(뉴스테이)이나 이런 쪽으로 갈 것"이라고 하였습니다. 이번 정부의 주택 정책 중 가장 중요한 핵심이 바로 뉴스테이라는 점을 분명히 드러낸 언급이라고 보여집니다. 이 뉴스테이는 앞서 말한 도정법 개정안과 맞물려 대한민국 부동산의 판을 완전히 바꿔놓을 새로운 시스템이 될 가능성이 대단히 높습니다. 현재도 대한민국은 자가 보유율이 주요국 대비 현저히 떨어지는 것이 사실인데요. 뉴스테이 이야기를 하기에 앞서 잠시 주요국들의 주택 보유율을 먼저 살펴보지요.

대한민국에서 집을 소유한 사람의 비율은 58%로 주요국 대비 낮은 비율을 보여주고 있습니다. 더욱이 자신의 주택에 본인이 직접 거주하는 '자가 점유율'의 경우 수도권의 경우 46%, 전국 평균은 53.6%에 불과하여 주택 보유율보다도 떨어집니다. 대한민국의 주택 보유율은 임대시장이 확실하게 자리를 잡은 독일과 주택 구입 비용이 과도하게 높은 홍콩을 제외하고는 주요국 중에서 가장 낮은 수준에 머물고 있습니다. 이러한 상태임에도 불구하고 정부가 기업형 임대사업을 장려하는 이유는 대한민국 경제에서 건설업이 차지하는 비중이 높기 때문일 것입니다. 과거와 같은 대규모 공급이 어려워지는 상황이 되어 가고 있습니다. 그렇다고 건설 경기를 마냥 죽게 놔둘 수는 없기에 재건축 재개발 사업과 맞물려 새로운 시장을 기업들에게 열어주는 것이지요. 이는 결국 장기적으로는 집을 보유한 사람과 임대하는 계층으로 더욱 분명하게 나눌 가능성이 높으며, 이러한 계층 분리는 계층 간 자산규모의 차이를 더욱 커지게 만들 수 있습니다.

뉴스테이의 개요에 대해 살펴보기에 앞서 꼭 기억해야 하는 뉴스테이의 핵심은 연간 임대료 상승이 5% 이내라는 점과, 기업들이 뉴스테이 임대주택을 공급할 경우 50%의 용적률 인센티브를 받는다는 점입니다. 이 부분을 먼저 머리에 담아 놓고 읽으면 좀 더 쉽게 이해할 수 있을 것입니다.

대한민국 임대시장은 현재 개인과 정부의 공공임대 시장으로 양분되어 있는데요. 정부 주도의 공공임대 물량은 제한적이기에 임대시장의 대부분을 개인들이 주도하고 있습니다. 이러한 현재의 시스템에서 정부의 공공임대 사업은 축소하면서 민간(기업)을 유입시켜 임대주택 공급의 새로운 축으로 육성하겠다는 것이 뉴스테이의 주요 내용입니다.

뉴스테이는 새로운 개념의 주거 형태로 계약 연장이 8년까지 법적으로 보장되고 연 임대료 상승은 5% 이내로 제한한다는 것을 골자로 하고 있는데요. 표면적으로는 현재 개인들이 공급하고 있는 임대주택들의 임대료가 많이 상승했고 계약도 2년만 보장되기에 일면 뉴스테이가 훨씬 유리해 보이기도 합니다. 하지만 좀 더 자세히 들여다보면 뉴스테이가 임차인들에게 유리할 가능성은 낮습니다. 왜냐하면 우선 초기 임대료 기준이 법적 제한이나 근거가 없어 사업자(기업)가 임의로 초기 임대료를 정할 수 있기 때문입니다. 실제 현재 사업이 진행되고 있는 뉴스테이 사업장의 경우 주택 임대료가 주변 시세에 비해 결코 낮지 않다는 것이 드러나고 있습니다. 여기에 추가적으로 연 임대료 상승률을 5% 이내로 제한한다고 하였는데요. 실제 8년간을 계산해 보면 주거비(월세) 상승이 만만치 않다는 것을 알게 될 것입니다. 예를 들어 초기 임대료를 보증금 5000만 원, 월세 100만 원이라 가정하면,

| 뉴스테이(New Stay) 개념도 |

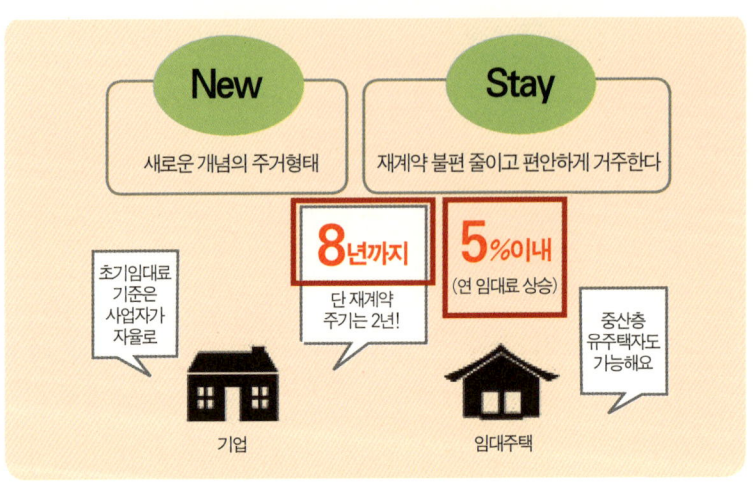

| 기업형임대주택 vs 공공임대주택 |

구분	뉴스테이 (기업형 임대주택)	공공임대주택		
		행복주택	국민임대	영구임대
공급 목적	중산층의 주거 안정	젊은 세대의 주거 안정	저소득층의 주거 안정	최저소득 계층의 주거 안정
공급 대상	중산층	대학생, 신혼부부, 사회초년생 등	소득 4분위 이하 가구	기초생활 수급자 등 최저소득 계층
주택 규모	규제없음	45m²이하	60m²이하	40m²이하
청약자격	규제없음	무주택자, 소득제한	무주택세대주, 소득·자산제한 청약저축 가입자 (50m² 이상 기준)	무주택세대주, 소득제한 청약저축 가입자

출처 : 국토교통부

2년째는 1,050,000원

3년째는 1,102,500원

4년째는 1,157,625원

5년째는 1,215,506원

6년째는 1,276,281원

7년째는 1,340,095원

8년째는 1,407,099원 입니다.

이렇게만 놓고 보아도 결코 주거비가 낮다고 보기는 어려운데요. 더욱이 보장 계약 기간 8년이 종료되면 이후 새롭게 계약을 갱신해야 하는데 당연히 기존 8년째 임대료 140만 원 보다는 오른 가격에 재계약을 해야 할 것입니다.

위는 뉴스테이의 주요 내용을 정리한 표인데요. 기존 공공임대주택과 비교해 보면 공공임대주택은 확연히 서민의 주거 안정을 위한 임대주택임에 틀림없지만 뉴스테이의 경우 공급 대상부터가 중산층을 대상으로 하고 있습니다. 수익 사업이 될 가능성이 크다고 보여지는 이유이지요. 주택 규모와 청약자격 그리고 초기 임대료까지 규제나 제한이 없기 때문에 가격 인상에 대한 규제 장치가 없다고 보아도 됩니다. 이익 극대화를 우선으로 하는 기업들의 행태를 감안한다면 장기적으로 대한민국 전체 월세 임대료는 자연스럽게 높아질 가능성이 대단히 높아졌습니다. 국토교통부에서 이야기하는 뉴스테이 정책의 주요 목표를 한번 살펴볼까요?

뉴스테이(NEWSTAY) 정책 주요 목표

1. 분양 주택과 유사한 품질의 임대주택에서,
2. 수준 높은 주거서비스를 받을 수 있고,
3. 임대료도 적정수준에서 관리되며,
4. 비자발적인 퇴거 위험 없이, 장기간 안정적으로 거주 가능
5. 주택 임대차 시장 선진화를 유도하고,
6. 전세압력을 줄여서 전월세 시장을 안정시키고,
7. 새로운 일자리 창출 등으로 내수시장을 활성화

1번과 2번 항목의 내용이 재미있는데요. 1번 분양 주택과 유사한 품질의 임대주택 공급은 그간 공공임대주택들의 품질이 높지 않았다는 점을 인정하고 있군요. 2번의 수준 높은 서비스를 제공한다는 내용은 기업이 제공하는 뉴스테이는 기존의 임대주택들과는 다른 서비스들을 제공한다고 보면 될 것 같습니다. 예를 들어 가사도우미 서비스나 홈 헬스 케어, 혹은 육아 관련 서비스 등이 될 수도 있겠지요. 이러한 서비스들이 개발될수록 임대료는 상승할 개연성이 높아지게 되고요.

더욱 중요한 것은 기존 임대주택 공급의 축이었던 개인들이 기업과 임대시장에서 경쟁을 해야 한다는 점입니다. 개인 임대인들이 기업과 같은 차별화된 임대 서비스를 제공하는 것은 현실적으로 어렵습니다. 결국 임대 목적의 개인 투자자들은 더욱더 입지적 우위를 지닌 부동산을 선별하여 투자를 하여야만 뉴스테이와의 경쟁에서 살아남고 공실에 대한 위험 부담을 덜고 제대로 된 임대료를 받을 수 있을 것입니다.

5번 임대시장의 선진화는 외국의 기업형 임대주택의 경우 주거비가 대한민국 임대시장에 비해서 높게 형성이 되어 있습니다. 기존 임대시장의 메인 공급원이었던 개인의 경우 다른 나라의 기업형 임대에 비해서는 상당히 선량한 월세 임대료에 주택을 공급하였는데요. 이는 그동안 개인들이 부동산을 차익 실현을 목표로 투자해 왔기 때문에 가능한 것이었습니다. 임대료뿐만 아니라 원상 복구의 의무 등도 기업형 임대사업이 발달한 나라들에 비해서는 그동안 대단히 관대하게 진행이 되었고요. 선진화라는 표현이 적당한 표현인지에 대해서는 의문이 있지만 앞으로 대한민국의 많은 임차인들은 기존보다 높은 임대료와 일정한 원칙을 준수하며 거주를 해결해야 될 가능성이 높아질 것입니다. 임차인과 임대인 간의 법적 분쟁도 늘어날 테고요.

6번의 전세압력을 줄여서 전월세 시장을 안정시킨다는 부분을 잠시 보지요. 우선 그동안 대한민국 주거비가 저렴하게 유지될 수 있었던 가장 큰 원동력은 전세라는 제도가 존재했기 때문입니다. 최근 몇 년간 전세가 크게 올라 잘 이해가 되지 않는다고 생각할 수도 있지만, 전세라는 제도가 임차인에게 얼마나 훌륭한 제도였는지를 잠시 살펴보면 생각이 달라질 것입니다. 명확한 예를 위해서 수중에 4억 원이 있고, 집값 변동이 없는 4억 원짜리 집이 있다고 가정을 해보겠습니다. 은행 예금 이율은 2%, 월세 수익률은 3%로 정해 놓고요. 그럼 아래의 3가지 경우 중에 가장 마음에 드는 걸 골라 보실까요?

1. 4억 원을 주고 집을 구입하는 방법

2. 연간 사용료 1,200만 원(월세 수익률 3%)을 내고 사용하는 방법

3. 3억 원을 주고 2년간 살다가 2년 뒤 3억 원을 돌려받는 방법

여러분은 어떠한 방법으로 주거를 해결하겠습니까? 대부분 3번을 선택했을 것입니다. 좀 더 자세히 알아볼까요? 1번의 경우 4억 원의 돈이 묶여 있으니 예금 이율 2%를 감안할 때 4억×2%=800만 원의 기회비용을 연간 사용하게 되는 것이고요. 2번의 경우 매년 1,200만 원의 비용을 사용하게 됩니다. 3번의 경우 매년 3억×2%=600만 원의 기회비용을 사용하게 되고요. 추가로 1억 원이라는 투자금을 손에 쥐게 되고 이 자금은 은행에 예치만 해놓아도 조금씩이라도 추가 수익이 발생합니다. 결국 1번보다 3번이 유리한 것이지요. 즉 각종 세금은 번외로 치더라도 집을 가진 사람들보다 전세에 거주하는 사람들이 유리한 제도가 전세입니다.

그럼 어떻게 임차인이 더 유리한 전세 제도가 지속될 수 있었던 것일까요? 대한민국에서 전세 제도가 잘 유지되었던 이유는 우선 과거에는 일반 개인이 은행에서 대출을 받기가 쉽지 않았습니다. 이와 더불어 우리나라 사람들은 부동산을 투자의 시각으로 보는 경향이 대단히 높았습니다. 결국 부동산에 투자를 하고자 하는 욕구는 강하지만 은행 대출은 쉽지 않기에 전세금을 활용한 투자가 자리를 잡고 현재까지 유지될 수 있었던 것이었죠. 하지만 이 제도는 점차 변화가 불가피합니다.

통상 전세가율이 60%를 돌파하면 전세가가 매매가를 들어 올려 부동산 가격을 상승시켰습니다. 하지만 이번 상승에는 전세가율이 80~90%까지 육박한 상황에서 매매가를 상승시키고 있습니다. 가장 큰 이유는 바로 전세자금 대출 확대와 저금리 기조입니다. 전세자금 대출이라는 새로운 대출이 어렵지 않게 가능해지고 더욱이 금리마저 낮아 많은 임차인들이 전세자금 대출을 활용하였고 이는 전세 가격을 매매가보다 더욱 가파르게 상승시켰습니다.

문제는 이제부터인데요. 전세자금 대출에 대한 규제가 점차 확대될 가능성이 높습니다. 현재 논의 중인 것은 분할상환에 대한 이야기가 나오고 있는데요. 우선 금리는 바닥을 치고 결국 오르게 될 것입니다. 금리가 오르고 분할상환에 대한 압박이 커지면 자연스레 전세로 살던 임차인들 중에서 월세로 옮겨가는 비율이 늘어날 것입니다. 그리고 현재는 임대인들도 여신심사가 강화되었음에도 과거보다는 수월하게 은행 대출을 활용할 수 있게 되었습니다. 금리 또한 30년 이상 장기적으로 보면 추세 하락 중이고요. 중간에 사이클상 금리 인상기도 있고 하락기도 있지만 고점을 점차 낮춰가며 추세하락 중에 있고 이러한 현상은 앞으로도 지속될 가능성이 높습니다. 결국 이러한 상황들은 집주인들도 전세 보다는 월세를 더욱 선호하게 될 것이기에 대한민국의 임대시장은 월세 시장으로 점차 빠르게 개편될 것입니다.

이는 결국 전세 시장의 종말과 궤를 함께 하게 되어 대한민국의 임대시장도 다른 나라들과 마찬가지로 월세 시장으로 급격하게 변모하게 되는 중요한 계기가 이번 부동산과 금리변동 사이클에 벌어질 가능성이 대단히 높다는 생각입니다. 다주택자의 부동산 투자방법 중에 갭 투자라는 것이 있는데요. 높은 전세가율을 활용한 투자의 형태입니다. 이러한 전세금을 활용한 갭 투자도 앞으로 추억 속으로 사라지고 월세 수익을 목표로 하는 부동산 투자의 시대가 열리게 될 것입니다.

더욱이 금리가 고점으로 오르고 다시 하락하면 부동산 상승 사이클도 마감하고 침체기에 들어설 텐데요. 그동안 차익 실현에 집중했던 투자자들은 부동산 투자에 흥미를 잃게 될 것입니다. 그렇게 되면 현재와는 다르게 전세를 끼고 갭 투자에 나서는 수요가 확연히 줄어들 시기가 올 것이고 이러한 시기는 현재 진행 중인 뉴스테이 활성화 시기와 공교롭게 일치할 것 같습니다. 여기에 추후에 만약 전세 계약기간 연장과 같은

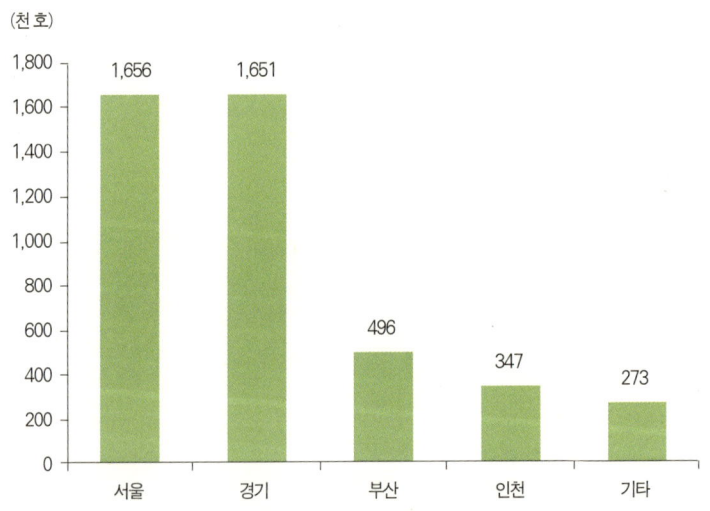

| 재개발 지역별 규모 |

출처 : 통계청, 하나금융투자

주거 안정 대책이 추진된다면 지난 50년간 우리와 함께 했던 전세 제도는 사라지게 될 것입니다. 위와 같은 상황에서 장기적인 임대료로 수익을 추구하며 차익 실현은 부가수익 정도로 간주할 기업형 임대사업자들은 임대시장의 새로운 주체가 될 가능성이 높은 것이지요.

위와 같은 내용에도 불구하고 '주요 지역의 신규 택지가 부족한 상황에서 뉴스테이가 쉽게 자리를 잡을 수 있을까?'라는 의문을 가지는 사람들도 있을 것입니다. 이 지점에서 다시 개정된 도정법을 살펴보면 해당 질문에 대한 연결고리를 찾을 수 있습니다. 도정법은 도시정비 사업의 속도를 올리는데 그 목적이 있는데요. 이는 결국 멸실 주택이 증가하게 만들 것입니다. 그리고 재건축 연한 또한 40년에서 30년으로 단축되었기에 재건축이 가능한 주택의 수가 폭발적으로 증가하게 되는 것이지요. 신규택지 지역을 활용하는 것이 아니라 기존의 도시정비 사업장들을 활용하여 뉴스테이 사업에 나서게 될 것이란 이야기입니다.

대한민국 부동산의 핵심 지역인 수도권에서만 370만 호가 도시정비 사업 대상지에 해당됩니다. 대한민국 전체 주택수가 1,637만 호라는 점을 감안하면 막대한 물량의 재건축이 가능해지는 것입니다. 기업 입장에서는 신규택지 없이도 엄청난 기회가 생기는 것이지요.

더욱이 도시정비 대상 사업장 중에서 사업성이 떨어지는 곳들이 다수 있는데요. 이 사업장들이 성공할 마법의 가루가 있습니다. 바로 도시정비와 연계하여 뉴스테이 사업으로 전환하는 것이 그 마법의 가루입니다. 뉴스테이에서 가장 중요한 내용 중의 하나를 앞에서 말씀드렸지요. 바로 50%의 용적률 인센티브를 받게 된다는 점입니다. 사업 진행 기업에서 가져가는 일반 분양분을 주변 시세보다 저렴하게 임대사업자가 가져갑니다. 미분양에 대한 우려는 없지만 사업자에게 주변 시세보다 저렴하게 넘기기에 추가로 발생한 50%의 용적률 인센티브 수익 모두를 조합이 가져갈 수는 없을 것입니다. 그럼에도 용적률 인센티브 50%는 도시정비 사업의 사업성을 획기적으로 개선해줄 것이 분명합니다. 조합에서 선택을 안 할 이유가 전혀 없는 것이지요.

개정된 도정법이 단기적으로는 강남권 재건축 시장에 기름을 부었는데요. 강남권이야 사업성이 워낙 좋기에 별개이지만 도시정비 대상 사업장 중 사업성이 좋지 않은 곳이 다수 있습니다. 하지만 앞으로 개정된 도정법과 뉴스테이가 연계되어 도시정비 사업의 속도가 획기적으로 빨라지게 되고 용적률 인센티브까지 덤으로 얻게 되기 때문에 사업성이 대폭 개선될 수 있고, 이는 결국 대부분의 사업장에서 사업의 진행이 가능해진다는 것을 의미합니다.

도정법 개정안과 연계한 뉴스테이가 마법의 가루 역할을 한 실제 사례를 살펴보면 인천 십정 2구역이 있습니다. 2007년 2,177호 재개발지구로 지정되었던 인천 십정 2구역은 재개발 지정 후 무려 8년간 사업성 부재로 착공을 못하고 장기 지연되던 사업장이었는데요. 이 장기 지연 사업장을 조합이 민간의 뉴스테이 제안을 받아들이면서 한번에 해결해 버렸습니다. 바로 뉴스테이 용적률 인센티브를 활용하여 3,048호로 정비계획 자체를 변경하며 사업성을 확보했던 것이지요. 이 사업장은 기업은 기업대로 새로운 수익원을 확보하였고, 조합은 조합대로 추가 분담

금이 줄어들었습니다. 해당 지자체는 장기 지연 사업장인 골칫거리를 정리할 수 있었고요. 모두가 유리해지는 구조인 것이지요. 아직까지는 뉴스테이의 신청과 선택이 제한적이지만 결국 방향성이 정해져 있기에 정부 차원에서 확대해 나갈 것이며 결국 민간의 참여도 점차 늘어날 것입니다.

이상으로 뉴스테이와 관련한 내용을 정리해 보았는데요. 현재 진행되고 있는 많은 정부 정책들의 방향성을 잘 살펴보면 대부분 뉴스테이의 안착에 도움을 주는 정책들이라 할 수 있습니다. 지금 바로 안착하기는 어렵겠지만, 10년 안에는 자리를 잡을 것이고 결국 기업형 임대주택에서 주거를 해결하는 것이 자연스러운 현상이 될 것입니다.

물론 뉴스테이가 제대로 자리를 잡는데 생각보다 오랜 시간이 걸릴 수도 있습니다. 그럼에도 임대 수익을 목표로 하는 다주택자들은 자신이 매입하려는 주택이 과연 기업형 임대주택과의 경쟁에서도 견뎌낼 수 있을지 여부에 대한 체크를 반드시 하여야 할 것입니다. 결국 모두가 선호하는 지역의 부동산 매입으로 대상을 좁혀나가는 과정이 반드시 필요한 것이지요.

일본의 경우도 기업형 임대주택이 등장하고 10여 년 만에 시장을 석권했습니다. 우리나라의 경우 당장 일본만큼의 장악력을 보이기는 어렵겠지만, 사업 진행이 쉽지 않은 재건축 재개발 사업장을 중심으로 기업들의 뉴스테이 제안이 빠르게 퍼져 나가게 될 것입니다. 뉴스테이가 안착하기 이전에 집을 구입할 것인지 뉴스테이에 매달 임대료를 주고 지낼 것인지 결정이 필요한 시기가 점차 다가오고 있습니다. 필자의 생각은 본인이 감당할 수준에서 장기 고정으로 금리를 묶어놓고 은행이자를 지불하는 것이 임대료를 지불하는 것보다 효율적이기도 하며, 선호도가 높은 지역을 잘 고른다면 결과적으로 시세차익까지 기대해 볼 수 있다는 생각입니다.

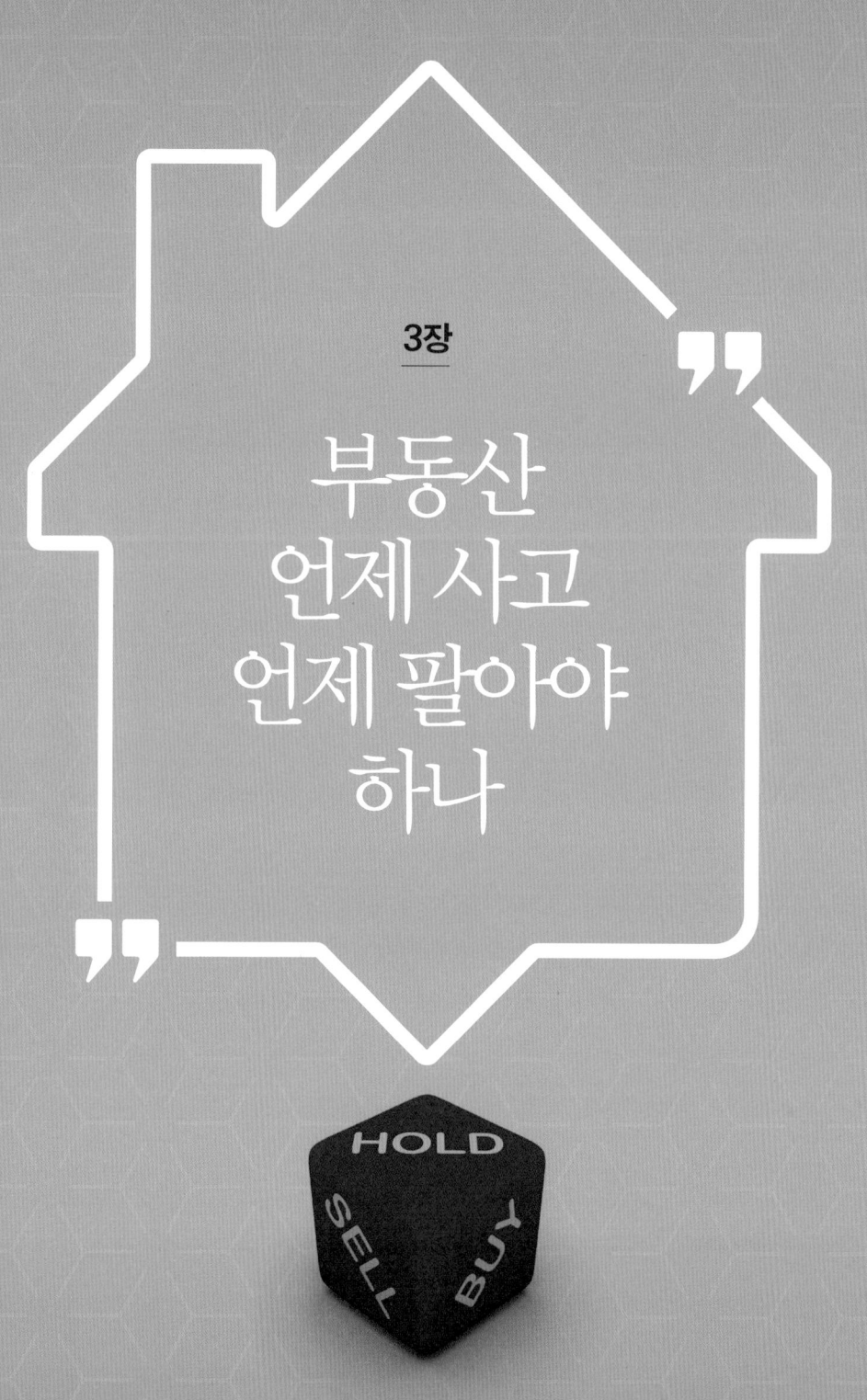

3장

부동산
언제 사고
언제 팔아야
하나

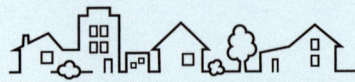

　부동산은 사고파는 시기를 잘 정해야 기다림의 시간을 줄일 수 있습니다. 2008년 이후 부동산 침체기를 거쳐 현재에 이른 많은 주택 보유자들이 앞으로의 시장 전망과 관련한 정보와 판단 앞에서 현 시점에서 주택을 팔 것인지, 아니면 살 것인지, 아니면 팔았다가 살 것인지 심리적 롤러코스터를 반복할 것입니다.

　그러나 부동산 투자를 하는 많은 사람들은 장기 투자를 합니다. 집을 사면 아예 팔지 않고 계속 가지고 있는 사람들도 많이 있고요. 부동산은 장기 투자를 하면 이익이 증가한다는 것을 투자를 하면 할수록 알게 되기 때문일 것입니다. 이렇듯 부동산 투자는 기다림의 돌파를 통해 장기 투자에 나선다면 대부분의 경우 우리의 소중한 자산을 안전하게 지켜줄 뿐 아니라 자산 증가의 기쁨까지 안겨줍니다.

　그럼에도 부동산을 언제 사고 언제 팔아야 할지에 대한 개념이 잡혀있다면 우리는 부동산 투자를 좀 더 자신감을 갖고 진행할 수 있을 것입니다. 이러한 자신감이 바탕이 된 투자는 우리에게 안정감을 주기에 자연스럽게 장기 투자의 기다림을 이겨낼 수 있는 원동력이 되어줄 것이고요. 이를 위해 이번 장에서는 부동산의 매수 매도 타이밍을 어떻게 잡아야 하는지에 대해 알아볼 것입니다. 또한 대한민국 부동산 시장 전반의 메커니즘과 흐름을 꿰어 미래를 준비할 수 있도록, 앞으로 10년간의 부동산 시장 전망과 다가올 미래 부동산 시장 메가트렌드까지 살펴보도록 하겠습니다.

매수 매도 타이밍 인사이트

: 금리 변동에 맞춘 투자 이해는 자산 증식을 도와준다 :

만약 경제 관련 지표 중에서 하나만 미리 알 수 있다면 필자는 무조건 금리를 고를 것입니다. 금리는 결국 금융시장, 그리고 자산시장의 철길과 같기 때문입니다. 이 철길을 따라 자산이라는 손님을 태운 열차가 달리는 것입니다. 이 열차는 금리의 저점에서 고점 사이를 순환하며 종종 중요한 정차역들에 도착을 하고 다시 다음 목적지를 향해 나아갑니다. 이러한 금리라는 철도와 자산을 태우는 열차를 이해한다면 앞으로 지속적으로 자산 증식에 커다란 도움이 될 것입니다.

인류 역사에서 유명한 투자가들은 많이 있습니다. 워렌 버핏이나 조지 소로스 등이 대표적이겠지요. 하지만 천재 투자자 혹은 가장 위대한 투자자를 꼽으라면 저는 앙드레 코스톨라니를 꼽을 것입니다. 그가 위대한 투자가 반열에 오르는데 가장 큰 역할을 한 것은 바로 코스톨라니 달걀모형입니다. 이 코스톨라니 달걀모형은 장기적 관점 즉 거시적 관점에서 금리 변동의 순환을 통하여 투자의 시기와 투자대상 선정에 대해 설명하는 모형입니다.

통상 금리가 최저점에서 최고점까지 올라갔다가 다시 최저점으로 돌아오는, 즉 한 바퀴 순환하는데 약 10~15년 정도의 시간이 소요되기에 장기적 투자 계획을 수립할 때 참고하면 대단히 유익한 모형입니다. 이 모형을 설명하기에 앞서 잠시 지난 사이클을 확인하기 위해 2000년부터 2015년까지의 미국과 한국의 금리 변동을 한번 보겠습니다.

우선 직전 금리 사이클에서 미국은 2004년부터 금리를 올리기 시작하

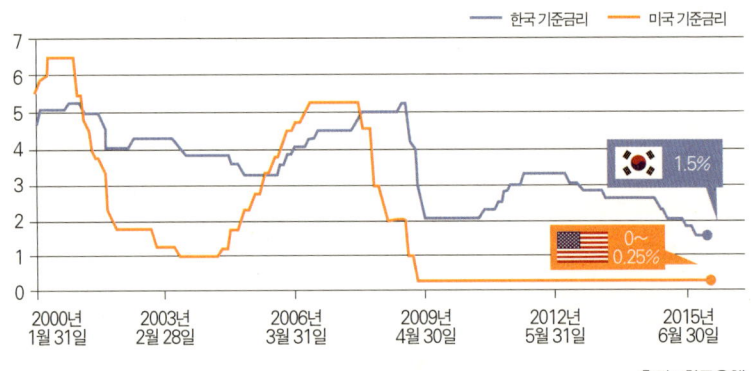

| 2000 연초 이후 한국과 미국의 기준금리 |

출처 : 한국은행

였습니다. 한국은 미국이 금리 인상을 시작한 2004년 이후에 두 번이나 인하를 단행하였고, 그 뒤 1년 정도가 지난 2005년 이후 금리를 올리기 시작하였습니다. 당시 사이클에서 금리의 고점은 한국과 미국 모두 대략 5% 선이었고, 미국이 먼저 2006년~2007년 사이에 금리 고점에 도달하여 1년 여간 고점 상태를 유지하다 2007년부터 금리 인하를 시작하였고요. 그 1년 정도 뒤인 2008년에 대한민국도 금리 인하에 돌입했습니다. 우선 미국의 금리가 먼저 움직이고 한국의 금리가 대략 금리 상승기에는 1년 이상, 그리고 금리 인하기에는 약 1년 정도의 시차를 두고 미국 금리의 방향성을 따라가는 모습을 확인할 수 있습니다. 다시 말씀 드리지만 미국의 금리가 먼저 움직이고 대한민국의 금리가 시차를 두고 이를 따라가고 있습니다.

그럼 현재의 상황을 한번 볼까요? 우선 미국은 2015년 12월에 첫 금리 인상을 시작하였습니다. 2016년 하반기 추가 금리 인상에 대한 이야기가 나오고 있고요. 미국은 금리 인상기로 현재 접어들었네요. 한국의 경우 2016년 6월 추가로 금리 인하를 하여 현재 1.25%인데요. 올 하반기나 내년 상반기에 한차례 정도 추가 금리 인하 이야기가 나오고 있습니다. 지난번 보다는 미국의 금리 인상 속도가 현저히 느리지만 지난번과 유사하게 미국이 금리 인상을 시작한 이후에 대한민국은 금리를 추가 인하하였네요. 이번에도 시기는 조금 차이가 있겠지만 결국 비슷하게 흘러갈 것으로 보입니다.

: 언제 사고 언제 팔 것인지에 대한 인사이트 :

이제 코스톨라니의 달걀모형을 한번 볼까요? 코스톨라니의 달걀모형에는 부동산과 관련한 직접적인 내용은 없었지만 이 모형과 부동산도 밀접하게 움직이기에 대입해서 살펴보겠습니다.

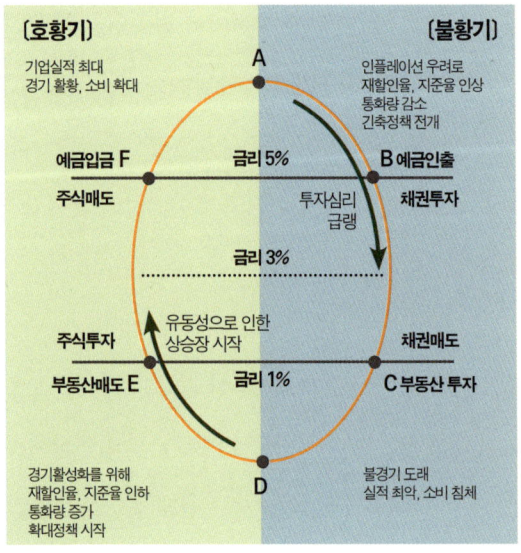

달걀의 꼭대기 A지점은 금리 고점입니다. 가장 아래인 D점은 금리 저점이고요. 금리가 고점에서 저점으로 이동하는 시기는 불황기입니다. 금리가 저점에서 고점으로 이동하는 구간은 호황기이고요.

현재 대한민국의 상황부터 보겠습니다. 현재 대한민국은 금리를 인하하는 즉 여전히 금리 고점에서 저점으로 이동하는 중입니다. 더욱이 하반기 추가 금리 인하에 대한 이야기도 나오고 있고요. 하지만 미국이 금리 저점을 찍고 금리 인상기로 들어섰기에 한국도 한 두 차례 더 금리를 인하한 후 미국을 따라갈 것입니다. 결국 2016년 하반기나 2017년 상반기가 금리 바닥인 D구간이 될 것입니다. 내용을 나누어 살펴볼까요?

현재 대한민국은 C → D 구간으로 이동 중인 상황입니다. 소비가 침체되고 불경기라고 느껴지는 시기인거죠. 하지만 저금리 상항이기에 금리라는 철도를 이동 중인 자산 열차에 부동산을 C역에서 승차시킬 시기입니다. 시중의 투자자들이 자연스럽게 저금리를 활용하여 부동산 투자에 나선다는 이야기이죠.

미국은 이미 금리 저점을 찍고 인상기에 속하기 때문에 D → E 역으로 자산 열차가 이동 중입니다. 부동산을 놓고 보면 여전히 투자에 적합한 시기입니다. 금리 인상기이지만 여전히 절대 금리가 낮은 저금리 상태이니까요. 이론상으로 E역에 도착하면 부동산을 내려주고(팔고) 주식을 태워야 합니다. 하지만 이미 금리 바닥에서 금리 고점으로 금리가 움직이는 시기는 호황기이기 때문에 금리가 높아져 슬슬 부담이 될 수 있는 F역까지 부동산을 보유하여도 괜찮습니다.

그럼 우선 2015년 12월 미국의 금리 인상을 전후하여 미국의 부동산이 어떻게 움직였는지 한번 볼까요? 최근 1년간 미국의 케이스 쉴러 주택 가격지수 동향입니다.

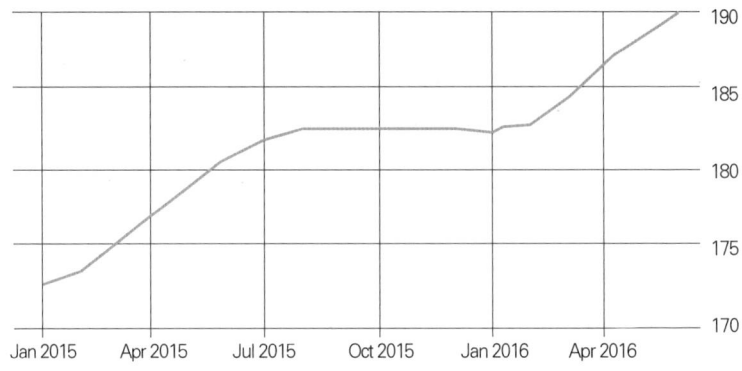

출처 : http://ko.tradingeconomics.com/united-states/case-shiller-home-price-index

  금리인상 전 즉 C → D 구간 전체적으로 주택 가격은 상승했고 금리 인상 전 6개월 정도 보합권을 유지하던 부동산이 금리 인상(2015년 12월) 직후인 2016년 1월부터 지수가 다시 상승하고 있습니다. 현재 D → E 구간을 지나고 있는 것입니다.

  우리나라의 경우로 다시 돌아와서 우리나라는 하반기에 금리 저점을 찍고 E지점을 향해서 내년부터 이동을 할 것입니다. 만약 이번에도 금리 고점이 5% 근방이라면 E지점은 금리가 2~3% 사이 정도가 되겠지요. 해당 금리만큼 다시 금리를 상승시키기 위해서는 적어도 2년 정도는 시간이 필요해 보입니다. 더욱이 E점에서 이론상으로는 부동산을 내려주고 주식을 태워야 합니다. 하지만 여기에는 한 가지 변수가 있습니다. 여타 국가에 비해 대한민국 사람들이 유독 부동산을 투자의 대상으로 더 강하게 인식한다는 것입니다. 그래서 해당 모형보다 금리가 높을 때 까지도 부동산 보유에 대한 의지가 강한 편입니다. 지난 사이클에서도 부동산을 매각해야 할 E지점은 2005년 말~2006년 사이였지만, 실제 2006~2007년까지 상승세가 지속되었습니다. 실제 투기성 자본이 몰렸던 지역을 제외하고는 금리 고점인 2007~2008년 사이까지도 부동산이 상승을 했고요. 주식 투자가 꺼려지는 사람들은 굳이 부동산을 내려주고 주식을 태울 필요 없이 부동산과 함께 좀 더 나아가도 될 것 같습니다.

그렇다면 대한민국의 금리 고점 부근을 어떻게 찾을까요? 우리가 대한민국에서 투자가 좀 더 용이한 건 바로 미국의 금리가 먼저 움직인다는 것입니다. 미국 금리가 일종의 선행지표가 되는 것이지요. 미국이 금리 인상기에 금리를 더 이상 올리지 못하고 동결이나 하락에 대한 이야기를 한다면 한국의 경기가 아무리 좋아도 부동산의 매각을 진행하는 것이 좋습니다. 모형의 다른 지점들도 좀 더 살펴보겠습니다.

E → F로 가는 지점은 주식이든 부동산이든 상승세를 보이는 구간입니다. 자신의 자산들이 늘어나니 소비가 늘어나는 시기입니다. 소비가 늘어나면 결국 기업실적이 좋아져서 대형 우량주 중심으로 증시가 활황을 보이게 되고요.

F → A구간은 경기가 과열되고 증시가 활황이니 이미 금리가 일정 부분 높아져 자금 조달 비용이 늘어났음에도 사람들은 자신감이 충만하여 추가 투자에 나섭니다. 하지만 눈치 빠른 사람들은 슬슬 주식과 부동산

을 처분하고 예금으로 이동하는 시기이지요. 이 구간이 되면 이미 우리의 의식은 탐욕에 젖어 있기에 은행 예금 이자가 4%에 육박해도 쉽사리 예금투자에 나서지 못할 수도 있습니다. 그때가 오면 꼭 현재의 1%대 은행예금 금리를 떠올리면 좋을 것 같습니다. 감사한 마음으로 은행예금으로 갈아탈 준비를 해야 하는 것이지요.

이제 A → B구간입니다. 이미 긴축이 일정 부분 진행이 되어 시중의 유동성이 많이 흡수된 구간입니다. 증시와 부동산 모두 하향세를 보이는 구간이고요. 늦었지만 이때라도 과감히 주식과 부동산을 정리하고 예금과 채권으로 갈아타야 합니다. 특히 금리 인하기로 진입함을 확인했다면 예금에서 채권투자로 갈아타야 할 시기입니다. 일반인은 규모가 작기에 채권투자가 어려울 수도 있습니다. 결국 채권형 펀드나 ETF 등에 관심을 가지고 투자에 나설 시기입니다.

B → C구간 입니다. 채권 관련 투자를 지속할 구간입니다. 부동산이 고점 대비해서 착해 보여도 아직은 들어갈 시기가 아닙니다.

C → D구간은 불경기로 경기가 최악이고 소비도 침체 구간입니다. 하지만 이때가 다시 부동산 투자에 나설 시기입니다. 부동산은 일반인들에게 투자의 덩치가 큰 자산입니다. 결국 자금 조달이 핵심인데 자금조달의 원천인 은행의 금리가 저금리로 접어드니 저금리를 발판으로 부동산이 다시 살아나는 것입니다.

최근에 뉴스를 보면 경기가 안 좋은데 부동산만 오른다고 연일 보도가 되고 있습니다. 하지만 이러한 현상은 사실 이미 코스톨라니가 예상한 자연스러운 일인 것이지요. 앞으로 E → F 구간 정도에서 부동산을 매각하는 게 좋아 보이는데요. 2017년 하반기~2019년 상반기 사이 정도가 되지 않을까 싶습니다.

시기는 지금부터 1~3년 후 정도 사이가 되지 않을까 싶습니다. 이번 사이클의 매수 시기는 언제였을까요? C → D구간인 대략 2014년 초부터 2016년 사이가 해당되겠군요. 이 모형을 항상 머리에 잘 새겨 놓고 금리의 변동에 맞추어 적당한 투자시기를 찾으려고 노력한다면 무작정 감으로만 투자에 나서는 것보다는 대단히 유리한 위치에 서게 될 것입니다.

매수와 매도 투자의
변곡점을 찾아야 한다

: 변곡점을 찾는 것이 성공 투자의 지름길이다 :

앞서 코스톨라니의 달걀모형을 통해서 대략적인 금리와 자산시장의 움직임에 대해서 살펴봤습니다. 부동산 투자의 매수와 매도에 대해서 좀 더 이야기해볼까요?

부동산 투자 재화에는 토지도 있고, 건물도 있고, 상가도 있지만 가장 접근이 용이하고 가격도 일정 부분 규격화 되어 있는 상품이 아파트입니다. 이렇게 우리가 가장 많이 찾는 아파트도 매번 상승을 하여 항상 원하는 만큼의 수익을 남길 수 있는 것은 아닙니다. 너무 당연한 이야기인가요? 그럼 어떻게 해야 우리가 상대적으로 손실을 보는 경우보다 수익을 내는 경우를 늘려 확률을 높일 수 있을까요?

저는 "부동산 투자의 변곡점을 찾으려 노력해야 합니다."라고 말하고 싶습니다. 이 말은 꼭 부동산 투자에만 한정된 이야기는 아닐 수도 있습니다. 무슨 말이냐 하면 재테크 투자에 있어서 가장 중요한 점은 우리가 투자하려는 해당 자산의 가치가 변하는 기간 중에 방향을 전환하는 시기를 찾아서 매수를 하거나 매도를 해야 높은 수익을 올릴 수 있다는 이야기입니다. 주식 시장에서 흔히 '공포에 사서 열광할 때 팔라.'고들 하지요. 이 말은 결국 변곡점에 대한 이야기입니다. 공포가 극에 달했을 때가 상승으로 전화하기 전의 변곡점 언저리이고, 모두 다 열광할 때가 상승의 막바지로 하락으로 가는 변곡점 주변인 것이지요. 이러한 변곡점을 찾기 위해서는 여러 가지 감안해야 할 사항들이 있지만 가장 중요한 것은 금리에 대한 이해와 금리의 움직임에 대한 대응입니다.

부동산 투자는 다른 투자 자산들보다 오히려 상대적으로 투자가 쉬울 수도 있습니다. 자잘한 외부 충격이나 환경에 의해 시시각각 방향을 바꾸지는 않기 때문에 변곡점을 찾기도 수월하고 한번 변곡점을 찾으면 장기 투자를 통해 수익을 극대화 할 수 있기 때문입니다. 우리가 투자를 할 때 가장 어려운 부분 중의 하나가 크게 상승할 시기에도 중간 중간 바람이 불면 쉽사리 던져서 작은 수익을 취해 버리고 마는 것입니다. 반대로 떨어질 때는 크게 하락할 시기인데 작은 바람일거라고 생각을 하여 손실을 키우고요. 하지만 부동산은 거시적 관점으로 금리만 보아도 작은 파고들은 어렵지 않게 넘을 수 있습니다. 더욱이 부동산은 뚝배기 같이 일단 한 번 방향을 정하면 상당기간 해당 방향으로 나아가는 습성이 있기 때문에 다른 투자 자산들보다 투자해서 수익을 보기가 수월합니다.

2007년 미국의 서브프라임 모기지 사태 직후에도 대한민국 부동산은 오르고 있는 우상향 선상에 놓여 있었습니다. 하지만 당시에 이미 주가는 급등락을 반복하며 고점을 낮춰가고 있었고요. 주식을 다 털고 나오기 어려운 시기였던 것이지요. 당시 장기간 부동산을 가지고 있었던 사람이라면 2008년에 주식시장이 완전히 무너지는 것을 확인하고 부동산을 정리해야 한다는 것을 인지할 수 있었을 것입니다.

반대로 변곡점을 넘겼는데도 부동산 투자에 신규로 뛰어 들었다면 결국 커다란 손실을 보았을 거고요. 하락할 때도 마찬가지로 뚝배기처럼 길게 하락을 하는 모습도 보이니까요.

: 부동산은 상대적으로 변곡점을 찾기 쉬운 투자처 :

다른 위험 자산들에 비해서 부동산 투자는 방향성도 뚜렷하고 단기 충격에도 덜 흔들리며 금리와 증시 같은 활용할 수 있는 선행지표들도 가지고 있습니다. 결국 변곡점을 찾기 쉬운 투자처인 것이지요. 다만 부동산 뿐만 아니라 모든 투자에 있어서 과욕은 금물입니다. 어쩌다 한두 번 성공할 수는 있겠지만 결국 독이 될 테니까요. 부동산 투자에서도 가격 변동성이 급격한 강남권 재건축과 재개발 투자는 별개의 시장이라는 이야기입니다. 주식처럼 급등락할 수 있기 때문에 가장 안전한 시기에만 진입을 해야 하는 것입니다.

그렇다면 지금은 부동산 투자에 있어서 어떤 시점일까요? 다들 알겠지만 여전히 부동산은 우상향 중입니다. 더욱이 아직 어떠한 명확한 하락 시그널 즉 변곡점이 나타나고 있지 않습니다. 금리는 내년부터 인상을 한다 하더라도 야금야금 오를 가능성이 높고요. 금리 고점의 시기는 아직 시간적으로 많은 여유가 남아 있습니다.

막연히 '2018년 이후에는 공급과잉으로 떨어질 것이다.'라는 이야기들이 있지만 사실 가장 중요한 것은 2017년과 2018년 금리가 어떻게 움직이는 지입니다. 우리 같은 평범한 사람들은 부동산이 하락기로 접어들 변곡점이 사실 정확히 언제가 될지 알 방법이 없습니다. 다만 금리가 상승하여 고점 인근까지 간다면 그때는 작은 뉴스에도 많은 관심을 가지고 대응을 해야 할 것입니다.

미국이 2015년 12월 처음 금리를 올린 후 1여년 만에 추가로 금리를 인상할 것 같습니다. 미국 연준의 목표 인상 금리는 3.75%입니다. 아직 3%를 더 올려야 합니다. 통상 0.25%씩 금리를 올리기에 두 달에 한 번씩 금리를 올린다 하여도 2년이 필요합니다. 금리가 고점이 된 이후에도 시중에 풀린 유동성을 흡수하기 위해서는 금리 고점 상태를 수개월 이상 유지해 주어야 합니다. 변곡점을 찾기 위한 단서들이 될 수 있는 것이지요. 물론 코스톨라니의 계란모형도 금리의 변화도 확정적인 수학 공식은 아닙니다. 그럼에도 투자는 결국 미래를 예상하고 대응해 나가는 일련의 과정입니다. 최대한 확률이 높은 경우의 수를 찾기 위해 노력을 하고, 최대한 오래 버텨서 수익을 극대화하는 사람이 결국 승자가 되는 것이지요. 이러한 확률을 높이기 위해서 주식보다는 부동산에 투자를 하는 것이기도 합니다. 변곡점을 찾기도 수월하고 해당 시기에 대응하기도 수월하기 때문이지요.

1주택자의 경우는 사실 투자의 개념보다 주거의 개념이 크기에 별개로 하고 다주택으로 투자의 개념으로 부동산을 접근한다면 금리가 저점으로 향하는 시기에 본인이 감당할 규모 안에서 지속적으로 부동산을 늘려가는 것이 좋습니다. 단 금리 인상기에 매각할 부동산을 정하고 어떤 시기에 정리할 것인지 매각 시기를 정확히 정해놔야 하겠지요. 다음 사이클로 넘어가더라도 팔지 않을 부동산을 정해놓을 수도 있습니다. 월세 줄 정도의 여력 안에서라면 더할 나위 없지요. 월세 받으며 다음 금리 저점을 기다리면 되니까요.

여러 가지 투자를 해본 사람이라면 다들 알겠지만 투자 자산을 발바닥에서 사서 머리꼭지에서 파는 건 신만 가능한 일입니다. 하지만 부동산의 경우 계획을 잘 세우고 충분한 유동성을 확보해 놓았다면, 부동산 꼭지까지 들고 가는 것이 불가능한 일만은 아닐 것입니다. 다만 앞에서 말한 것처럼 투자성이 너무 짙은 부동산 상품은 피해야 하겠지만요.

투자에 있어서 과욕을 다스리는 것은 중요한 일입니다. 상대적으로 연령에 따라 조금씩은 다른 투자 마인드가 필요하겠지만요. 젊은 맞벌이들은 대출금이 크다고 무조건 과욕이라고 보기는 어렵습니다. 하지만 고정 수입이 없는 노년층에게는 과욕이 될 수 있는 것이지요. 이 말은 반대로 노년이 되어서는 더욱 안정적인 투자를 하여야 하기 때문에 젊어서 감당 가능한 대출을 일으켜 보다 적극적으로 투자에 나서야 한다는 말입니다.

여전히 무주택자들이 신규로 시장에 들어오기 좋은 시기입니다. 금리를 고정으로 최대한 오래 묶어놓는 것도 방법이 되겠지요. 신규 투자를 하려고 한다면 기존 투자 물건들과 함께 매도 계획을 세워 보십시오. 본인이 감당이 가능한 것인지 그리고 대부분의 자산이 부동산에 묶여 있을 것이기에 바로 현금화 가능한 자산의 비중도 늘려야 할 것입니다. 2018년 이후 공급이 많아지면 매매가는 몰라도 임대시장은 출렁거릴 가능성이 높기 때문입니다. 전세금을 일부 빼줘야 할 수도 있으니까요. 여유자금이 있는 사람들이야 언제나 상관없겠지만 무리하게 대출을 활용하는 사람들은 현금 흐름에 문제가 발생할 수도 있으니 많은 관심이 필요해 보입니다.

부동산 시장
10년(2018~2028)의 전망

: 2025~2030년 강력한 상승장 온다 :

대한민국 부동산 시장 10년 전망에서는 앞으로 다가올 미래의 대한민국 부동산에서 우리가 중요하게 생각하고 관심을 가지고 살펴봐야 할 내용들에 대해서 정리해 보려고 합니다.

먼저 금리 사이클에 대해서 살펴보겠습니다. 금리는 대략 11년 정도를 주기로 해서 움직이고 있는데요. 우리나라의 지난번 금리 하락 시기는 2008년 이후였습니다. 그 후 수도권 부동산은 금리 인하기인 2009년부터 대략 4년간 침체에 빠졌었습니다. 그러면 다음 금리 인하는 언제부터 시작될까요? 이번 금리 고점은 2019년경이 될 가능성이 높아 보입니다. 2019년 이후 금리 인하가 시작될 수 있다는 이야기입니다. 부동산 시장은 상승을 마감하고 하락을 시작할 변곡점이 될 확률이 높고요. 공교롭게도 공급과잉 문제마저 2018년 하반기부터 시작해 2019년에는 더욱 불거질 가능성이 높고요. 2020부터 부동산 시장은 침체기에 머물 가능성이 분명 있습니다. 하지만 문제는 부동산 하락이 시작될 2019년까지 부동산 가격이 얼마나 오를지 알 도리가 없다는 것입니다. 지금부터 2019년까지 30% 오르고 그 뒤 몇 년간 10% 빠진다면 결국 지금 주택을 구입하는 것이 이득이 될 테니까요.

하지만 2019년에 신규 주택을 분양받거나 주택을 구입하는 것은 다음 상승 사이클까지 오랜 기간을 기다려야만 회복할 수 있을지도 모릅니다. 다음 부동산 회복 사이클은 2019년 이후 금리 하락을 시작하여 금리가 충분히 낮아지는 시기인 2024년 이후가 될 것입니다. 2019년경에 부동산을 매각하고 2024년까지는 예금이나 채권에 투자를 하다 2024년 이후에 부동산에 관심을 가져볼 만한 것이지요.

다음 금리 인상기는 2025~2030년 사이가 될 가능성이 높아 보이고요. 공교롭지만 통계청 자료에 따르면 대한민국 인구수의 정점은 2030년이고, 가구수 정점 또한 2030년 이후로 예상이 되고 있습니다. 다음 부동산 상승 사이클과 금리 인상 사이클은 2025~2030년경이 될 것 같고요. 인구와 가구수의 최대치가 되는 시기와 금리 인상 사이클이 겹칠 듯합니다. 해당 시기 부동산 상승 압력이 의외로 강력할 수도 있을 것입니다.

그 이후의 예상은 사실 현재로서는 크게 의미가 없어 보입니다. 추후에 다시 살펴보아야 하는 문제이기도 하고요. 대략적인 예상은 위와 같은데요. 위와 같이 전망을 하는 이유를 중요한 단서들과 함께 좀 더 자세히 살펴보도록 하겠습니다.

: 주택 매수 대기자에 비해 턱없이 부족한 주택수 :

주택 매수 대기자로 분류할 수 있는 나이는 30대 이후 연령입니다. 30대 이후부터 노령층까지가 주택 매수의 가장 두터운 수요층인 것이지요. 간혹 앞으로 베이비부머들이 은퇴하면서 자신들이 소유한 주택을 처분할 것이기에 부동산 시작의 악재가 될 것이라고 말하는 사람들도 있습니다. 하지만 이 세대들의 총주택수를 놓고 본다면 주택 매수 대기수요에서 빠지기는 어렵습니다.

우선 앞서 말씀드렸지만 베이비부머를 포함한 노령인구의 자가 주택 비율이 가장 높습니다. 노령세대들이 자가의 중요함을 가장 잘 아는 세대입니다. 이러한 세대가 주택을 매각하고 임대시장에 나올 가능성은 대단히 적습니다. 다만 베이비부머를 포함한 노령세대들은 앞으로 선호하는 주택을 규모는 대형 평형에서 중소형 평형으로, 그리고 고가의 주택에서 중간 가격대의 주택으로 다운사이징하려는 욕구가 점차 강해질 것입니다.

1인가구의 증가와 함께 대형 평형이 다시 과거의 영광을 재현하는데

연령별 내국인 인구(외국인 136만명 제외된 수치)				
(단위 : 10만 명)				

구분	2015년	2020년	2025년	2030년
0~4	22.4	22	22	22
5~9	22.5	22.4	22	22
10~14	24.2	22.5	22.4	22
15~19	31.7	24.2	22.5	22.4
20~24	33.9	31.7	24.2	22.5
25~29	30.3	33.9	31.7	24.2
30~34	36.1	30.3	33.9	31.7
35~39	37.8	36.1	30.3	33.9
40~44	42.2	37.8	36.1	30.3
45~49	42.7	42.2	37.8	36.1
50~54	41.5	42.7	42.2	37.8
55~59	38.6	41.5	42.7	42.2
60~64	27.6	38.6	41.5	42.7
65~69	21.2	27.6	38.6	41.5
70~74	17.6	21.2	27.6	38.6
75~79	13.6	17.6	21.2	27.6
80~84	8.1	13.6	17.6	21.2
85세 이상	5.2	13.3	26.9	45
총 합산	497.2	519.2	541.2	563.7
30세 이상 합산	332.2	362.5	396.4	428.6
*사망인원 추정치		14	28	42
사망인원 제외 후 총 인구수(추정치)	497.2	505.2	513.2	521.7
*사망인원 제외 후 30대이상 인구수(추정치)	332.2	348.5	368.4	386.6

* 연간 사망자 수는 평균 28만 명으로 가정(2015년 27만 명)
* 30대 이상 사망인구 추정치는 연간 사망자 수 전체 차감한 수치임
* 통계청 자료를 토대로 추정치를 산정한 자료임

제3장 부동산 언제 사고 언제 팔아야 하나

가장 큰 걸림돌이 되는 것은 바로 베이비부머들의 다운사이징 욕구가 될 것입니다. 베이비부머들이 다운사이징을 하더라도 주택 소유에 대한 의식은 변하지 않기에 주택 매매 수요 대기자임은 분명합니다. 결국 30대 이상 대부분의 연령대를 주택 구매 대기 수요로 보는 것이 타당하다는 말입니다. 다음 부동산 상승 사이클까지 주택 가격의 상승을 예상할 수 있는 중요한 항목이 바로 주택 구매 대기 수요인 30대 이상 인구의 꾸준한 증가인데요. 2015년 현재 3,320만 명인 30대 이상 인구수가 2020년 3,480만 명으로 대략 160만 명 증가하고, 2025년에는 3,680만 명으로 더욱 가파르게 증가한다는 점입니다. 2020년경에는 금리 사이클 상 부동산이 하락기에 빠져들 가능성이 높은데요. 2025년 이후 부동산이 다시 회복할 시기를 맞이할 때 해당 인구수의 증가는 부동산 재상승을 위해 큰 힘을 보탤 단서가 될 수 있을 것 같습니다. 이러한 30대 이상의 인구수는 2030년까지 3,800만~3,900만 명 사이로 약 17% 증가할 것으로 보입니다.

2030년 이후는 인구감소 압력이 점차 강해지기에 주택 가격 상승 압력이 약해질 가능성이 존재합니다. 하지만 대한민국이 발전할수록 저임금 노동인력의 유입이 빨라질 것이라는 점 즉 외국인이 증가한다는 점과 통일이라는 변수가 존재하기에 아직 예단하기는 이릅니다. 하지만 분명한 것은 2030년까지는 중간 중간 주택 가격의 변동 사이클은 존재하겠지만 결국 수도권을 중심으로 장기 상승할 가능성이 높다는 점입니다.

앞에서 본 가구수도 잠시 다시 살펴보겠습니다. 현재 대한민국의 가구수는 1,956만 가구로 2010년 1,796만 가구보다 160만 가구가 증가하였습니다. 그 기간 인구수는 136만 명이 증가하였는데요. 가구수가 인구수보다 더 많은 160만 가구나 증가한 것으로 나타났습니다. 가장 큰 이유는 가구를 구성하는 가구 구성원의 수가 2.53명으로 5년 전 2.68명보다 0.15명 감소했기 때문이지요. 점점 소형 핵가족화 되는 현상으로 인하여 인구수 증가에 비해 가구수 증가율이 높아지고 있는 것입니다. 이러한 가구수 증가 현상은 1인 가구 증가와 맞물려 인구수 증가가 멈추는 2030년 이후에도 꾸준히 이어질 것입니다.

통계청은 가구수가 2030년까지 5년 평균 7%의 증가세를 보일 것으로 예상하고 있는데요. 이를 바탕으로 가구수를 추정해 본다면 2020년 2,092만 가구, 2025년 2,238만 가구, 2030년 2,394만 가구로 증가할 것으로 예상되고 있습니다. 현재의 1,956만 가구를 기준으로 본다면 15년 뒤인 2030년에는 대략 23%가량 가구수가 증가하는 것으로 예상되는 것입니다.

대한민국의 총 주택수는 앞에서 보셨지만 2015년 기준 1,637만 호입니다. 주택이 오래 돼서 낡았거나 입지가 워낙 안 좋아 사람이 살기 어려운 공가(빈집)는 대략 100만 호(미분양분 7만 호를 제외한 수치)고요. 결국 실제 1,537만 호의 사람이 살만한 주택이 있는 겁니다. 만약 가구수 만큼 주택수가 늘어나야 안정된다고 가정한다면 2030년까지 늘어나는 가구수를 따라가기 위해서는 멸실 주택이 전혀 없는 상태를 유지한다고 하더라도 공가를 감안하면 850만 호 가까운 신규 주택이 필요합니다. 그렇다면 다음은 멸실 가능 주택에 대해서 한번 살펴보겠습니다.

(단위 : 천 호, %)

구분	주택	20년 이상된 주택		30년 이상된 주택	
			비율		비율
전국	16,367	7,164	43.8	2,669	16.3

출처 : 통계청

 현재 전국의 주택수는 1,637만 호입니다. 그 중 현재 시점에서 도시정비 사업을 통해 멸실 주택이 될 가능성이 있는 30년 이상 된 주택의 수만 267만 호에 달합니다. 비율은 16.3%에 달하고요. 하지만 실제 멸실 주택수가 급증하는 시기는 현재 20년 이상 된 주택들이 30년 이상으로 본격적으로 노후화되는 2017년부터 2027년 사이가 될 것입니다. 예를 들자면 현재 시점으로 29년 된 아파트는 내년부터 재건축 사업을 통해 멸실 주택을 만들어내게 되는 것이고요. 20년 된 아파트는 2027년 이후 재건축 사업이 진행될 수 있다는 것입니다. 이 20년 이상 된 주택의 물량이 716만 호로 전체 주택의 43.8%나 차지하고 있습니다.

 이 주택들은 내년부터 2030년까지 순차적으로 재건축이 진행되겠지만 대한민국 역사상 최대 물량이 도시정비 사업의 대상이 된다는 것을 의미합니다. 결국 최대 물량의 도시정비 사업 대상지 그 만큼의 멸실 주택이 발생할 수 있다는 것을 의미하고요. 물론 재건축이나 재개발이 불가능한 지역도 있을 것입니다. 하지만 그러한 지역의 노후된 주택들은 결국 공가로 전락할 수밖에 없기에 주택의 기능을 상실하게 될 것입니다.

 이렇듯 주택 구매 대기 수요에 비해 주택의 수가 2030년까지 지속적으로 부족할 가능성이 대단히 높은 것이 2030년까지의 대한민국 부동산의 현실이고, 이는 결국 주택 가격 안정이 되기 어려운 커다란 이유인 것입니다. 더욱이 대한민국 부동산의 가격 상승의 가장 큰 원동력이 '헌 집 줄게 새집 다오.'인 점을 감안하고, 더욱이 앞으로 10여 년간 나올 재건축과 재개발 물량이 건국 이래 최대라는 점을 생각해본다면 주택 가

| 주택의 건축연도(2015^R) |

(단위 : 천 호, %)

구분	주택	단독주택	아파트	연립주택	다세대주택	비거주용 건물내주택
계	16,367 (100.0)	3,974 (100.0)	9,806 (100.0)	485 (100.0)	1,898 (100.0)	204 (100.0)
1979년 이전	1,694 (10.3)	1,505 (37.9)	115 (1.2)	25 (5.2)	22 (1.2)	26 (12.7)
1980~1989년	2,052 (12.5)	702 (17.7)	962 (9.8)	177 (36.4)	166 (8.7)	46 (22.7)
1990~1999년	5,519 (33.7)	942 (23.7)	3,741 (38.2)	164 (33.8)	601 (31.6)	71 (35.1)
2000~2004년	2,629 (16.1)	290 (7.3)	1,752 (17.9)	45 (9.3)	515 (27.1)	26 (12.7)
2005~2009년	2,008 (12.3)	217 (5.5)	1,638 (16.7)	20 (4.2)	118 (6.2)	15 (7.2)
2010년	393 (2.4)	48 (1.2)	300 (3.1)	4 (0.8)	38 (2.0)	3 (1.4)
2011년	360 (2.2)	51 (1.3)	237 (2.4)	6 (1.2)	64 (3.4)	3 (1.7)
2012년	387 (2.4)	54 (1.4)	216 (2.2)	11 (2.3)	103 (5.4)	3 (1.6)
2013년	393 (2.4)	51 (1.3)	235 (2.4)	12 (2.4)	93 (4.9)	3 (1.5)
2014년	455 (2.8)	55 (1.4)	305 (3.1)	9 (1.9)	83 (4.4)	3 (1.7)
2015년	477 (2.9)	59 (1.5)	307 (3.1)	12 (2.4)	96 (5.0)	3 (1.7)

출처 : 통계청

격 안정은 2030년까지 쉬워 보이지 않습니다.

：대한민국 역사상 최대의 재건축 재개발 시장이 열린다 ：

건축연도별 주택을 보면 1990년대(1990~1999년)에 건축된 주택이 552만 호로 무려 전체 주택의 33.7%에 해당합니다. 대한민국 역사상 가장 많은 주택이 지어진 시기가 1990년부터 1999년인 것입니다. 아파트만 놓고 보면 이러한 수치는 더욱 극명합니다. 해당 시기에 건축된 아파트는 무려 374만 호에 달합니다. 대한민국 건국 이래 지어진 아파트의 총 호수가 980만 호임을 감안하면 무려 38%가 1990년대 10년간 집중적으로 건축된 것입니다. 현재 우리 주변에서 재건축 사업의 대상이 되거나 진행 중인 아파트들은 주로 1980~1989년 사이에 지어진 아파트들인데요. 그 숫자는 96만 호에 불과합니다. 그럼에도 대한민국 주택시장에서 가격 상승 에너지를 만들어 내는 중요한 에너지원이었습니다.

하지만 2020년 이후 재건축 사업 대상이 되는 대기 물량은 1기 신도시들을 포함하여 아파트의 수만 무려 374만 호에 달합니다. 2020년 이후 10년간 대한민국 부동산의 최대 활황기가 올 가능성이 그 어느 때보다 높은 이유인 것입니다. 이 재건축 사업들이 정리되고 새로운 입주 물량으로의 재탄생이 마무리 되는 2030년 이후에나 부동산 가격이 안정될 수 있는 것입니다.

| 시도별 노후주택(2015R) |

(단위 : 천 호, %)

구분	주택	20년 이상된 주택		30년 이상된 주택	
			비율		비율
전국	16,367	7,164	43.8	2,669	16.3
서울	2,793	1,173	42.0	373	13.4
부산	1,164	546	46.9	248	21.3
대구	738	339	45.9	116	25.8
인천	942	425	45.1	105	11.2
광주	487	205	42.2	70	14.4
대전	469	241	51.5	62	13.1
울산	358	149	41.7	38	10.7
세종	81	15	18.0	8	9.4
경기	3,694	1,252	33.9	269	7.3
강원	570	278	48.7	130	22.8
충북	557	269	48.4	111	20.0
충남	754	317	42.1	162	21.4
전북	687	360	52.4	176	25.6
전남	748	439	58.8	254	33.9
경북	995	528	53.0	272	27.3
경남	1,135	536	47.2	232	20.4
제주	195	90	46.2	44	22.7

출처 : 통계청

이러한 노후주택들은 서울, 경기, 인천, 부산, 대구, 광주, 대전, 울산 등 수도권과 광역시를 중심으로 도시정비 사업이 진행될 것입니다. 특히나 사업성이 좋은 서울과 수도권 그리고 부산 등에 재건축 재개발 가능 주택들이 많이 몰려 있어 수도권 부동산은 커다란 가격 상승 압력으로 작용하게 될 것입니다. 앞에서 부동산 매수 대기자(30대 이상 인구수와 총 인구수 모두 2030년이 최대)와 재건축 재개발 대기 수요에 대해서 살펴봤는데요. 중간에 침체기도 있겠지만 2025~2030년 사이는 대한민국 아파트 역사에서 상승 압력이 가장 강력한 시기가 될 가능성이 높습니다.

: 시기별 부동산 시장 전망 :

지금부터 내년 이후 부동산 시장의 흐름에 대해서 시기별로 정리를 해볼까 합니다. 아래는 간단하게 정리해본 표입니다.

| 부동산 시장 전망 |

구분	금리	경기	부동산 정책	시장 전망
2017~2018년	금리 상승기	호황기	규제 정책	대출 규제 재건축 규제 재고 주택 인기
2019~2023년	고점 후 인하기	침체기	초기 규제 후기 완화	주택 공급 제한 대출 규제 완화 재건축 활성화 정책 낙폭 과다 재건축 투자 관심기
2024~2028년	저점 후 인상기	호황기	초기 완화 후기 규제	서울과 1기 신도시 재건축 절정기 2기 신도시 완숙기

2017~2018년 부동산 시장, "폭락은 없다"

우선 2017~2018년인데요. 이 기간은 경기는 호황기 그리고 부동산 정책은 규제정책 위주가 될 가능성이 높습니다. 특히나 대출 규제가 점차 강화되고 있습니다. 정부는 지난 2015년 7월에 여신심사 강화 방안을 미리 언론을 통해 공개했습니다. 실제 시행 시점이 2016년 1월이었음에도 불구하고 반년이나 앞서 해당 대출 규제 방안을 공표한 것이었지요. 그로 인해 2015년 하반기부터 2016년 초까지 부동산 시장은 오르지도 내리지도 않는 게걸음 장세를 보여주었습니다. 일종의 스트레스 테스트 기간이 되었던 것이지요. 하지만 실제 시행된 1월 이후 시장은 자연스럽게 해당 압력을 흡수했고, 상반기부터 다시 부동산이 오르기 시작하였습니다.

이제 정부는 2016년 9월에 연말 또는 내년 초 실행 예정인 새로운 대출규제 DSR(총부채 원리금 상환비율)을 언론에 흘렸습니다. 지금까지의 대출 규제 중 심리적으로 가장 압박이 컸던 것은 DTI(총부채 상환비율)였습니다. 이렇게 심리적 압박이 가장 컸던 DTI도 해당 주택 담보대출의 원리금과 기타 부채는 이자 상환능력만을 평가하여 대출규모가 정해지는 규제였습니다. 핵심은 주택 담보대출을 제외한 채무는 이자 상환능력만을 평가했다는 항목입니다. 기억해 주세요.

하지만 현재 정부에서 예고하고 있는 DSR은 주택 담보대출을 포함한 모든 채무(원금+이자)의 상환능력을 함께 보겠다는 것입니다. 결국 현재 구상대로 실제 진행이 된다면 중도금 대출에도 영향이 미칠 가능성이 있습니다. DTI는 주택 담보대출의 원리금 상환능력만 집중해서 봤다면 이 DSR은 주택 담보대출＋기타 대출(중도금&신용대출 등) 전체를 합산한 총 채무의 원리금 상환능력을 함께 보는 것이기 때문에 비율이 DTI와 동일하게 적용된다면 실제 대출금의 규모는 기존에 비해서 줄어들 수밖에 없습니다.

앞에서도 자주 언급했지만 시장의 가격 결정에 유동성의 규모가 가장 중요한데요. 이러한 유동성이 줄어들 가능성이 높기에 해당 규제는 부동산 상승 압력을 누르는 효과를 보이게 될 것입니다. 다시 찾아오는 스트레스 테스트 구간인 셈이지요. 이 구간이 2017년까지 이어질 가능성이 있습니다. 물론 현재 시점에서 해당 DSR 규제의 비율이 정해져서 공표된 것이 아니기 때문에 정확한 판단은 어렵습니다. 그럼에도 일단 정부에서 미리 흘렸다는 것 자체가 시장에 일종의 압박 시그널을 준 셈인 것이지요. 하지만 부동산 시장의 본바탕인 금리는 2017년에도 여전히 저금리 상태일 것입니다. 금리 인상을 한두 차례 하더라도 과거의 대부분의 시점과 비교해도 저금리 상태입니다. 결국 본바탕이 좋기 때문에 이 스트레스 테스트 구간도 극복하고 다시 상승하는 모습을 보여줄 것입니다.

그러나 이 구간을 지나가도 정부에서는 2017년에 사용할 수 있는 부동산 시장의 상승 압력을 누를 좋은 카드를 2개나 쥐고 있습니다. 우선 2017년 7월까지로 유예되어 있는 DTI와 LTV 규제 완화가 있습니다. 내년 7월까지 현재와 같이 주택가격 상승 압력이 강할 경우 규제 완화 유예를 종료할 수 있습니다. 상승기의 새로운 스트레스 테스트 구간이 되겠지요. 하지만 유예를 종료하더라도 여전히 부동산 가격 흐름의 결정적인 근원인 금리가 저금리 상태이기에 대출 규모가 작은 저평가 지역을 중심으로 가격 상승세를 보여줄 것입니다.

더욱이 2016년과 2017년 초까지 기업들에 대한 구조조정이 마무리되면 2017년 하반기에는 경기 흐름이 지금보다 나아질 것입니다. 올해보다 나아진 경기 흐름은 착시현상을 일으켜 부동산 가격 또한 쉽사리 안정화되기 어려울 것이기에 해당 스트레스 테스트 구간도 결국 극복을 할 것으로 예상됩니다.

이것도 극복하고 주택가격이 상승하면 그 다음은 2017년 12월까지 유예되어 있는 재건축 초과이익 환수제도 규제입니다. 이 카드로 2017년 하반기 주택가격 상승 압력을 테스트하게 될 것입니다. 해당 규제가 유예될지 안 될지 아직은 가늠하기 어렵습니다. 다만 강남권 재건축 시장이 내년 말까지 지금과 같이 강력한 상승 흐름을 보인다면 어떠한 형태이든 해당 지역은 규제를 하게 될 것입니다. 더욱이 DSR 규제는 중도금 대출에 대한 규제도 포함할 가능성이 있는데요. 이러한 규제들이 순차적으로 진행이 된다면 2015년과 2016년 부동산 시장을 선도했던 분양권 시장과 재건축 시장이 2017년 중반 이후부터는 시세 상승의 바통을 기존 재고 주택들에게 넘겨줄 가능성이 높습니다. 이를 통해 내년 상반기까지 벌어질 기존 재고 주택들과 분양권 그리고 재건축 상품과의 갭은 자연스럽게 좁혀지게 될 것입니다.

이 시기 공급에 대해서도 잠시 살펴보아야 할 것 같은데요. 공급보다는 유동성이 더 중요하지만 수요와 공급이라는 지표도 아예 무시할 만 큰 가벼운 변수는 아닙니다. 많은 사람들이 인허가 물량 이야기도 하지만 실제 주택 입주량을 확인하기 위해서는 착공 물량을 확인하여야 합니다. 인허가를 받는다고 해서 해당 시기에 모두 착공에 들어가는 것은 아니기 때문입니다. 그리고 통상 아파트 단지를 분양하고 실제 입주하기 까지는 대략 30개월 정도의 시간이 필요하다는 것도 반드시 감안을 하여야 합니다. 덧붙여 알아야 하는 것은 입주 직후 미분양이 발생한다 하여도 바로 해당 시기의 주택 가격을 누르지는 않는다는 것입니다. 미분양이 증가하고 적체되어 부담이 되는 수준까지에는 갭이 존재하는 것이지요.

그렇다면 2015년과 2016년에 착공한 물량의 실제 입주는 2018년 이후에 많이 발생하게 됩니다. 2018년 하반기에 주로 입주가 몰려 있는데요. 미분양이 발생한다고 하여 2018년 하반기에 가격이 바로 하락할 가능성은 적습니다. 문제는 2019년까지 입주 물량이 확대된다는 점인데요. 결국 미분양이 적체되는 2019년 이후가 실제 물량이 부담으로 작용하는 시기가 될 가능성이 높습니다.

더욱이 금리마저 2018년 하반기와 2019년은 고점 부근일 가능성이 높기에 부동산이 몇 년간의 상승세를 마감하고 하락세로 돌아설 변곡점이 될 가능성이 높은 것이지요. 반대로 2017년과 2018년까지는, 어쩌면 2019년까지도 상승세(금리 따라 유동적)를 유지할 것입니다. 저 또한 주택 수를 줄일 시기를 2017~2019년 사이로 잡고 있습니다. 2010년 이후 급매 주택이나 2013년 이후 신규 분양분을 가져간 다주택자들이 물량을 줄이며 신규 매수자들에게 주택을 넘길 시기가 이 시기이기에 2018년 하반기나 2019년에 신규 분양을 받거나 기존 주택을 구입하는 것은 반드시 신중하게 접근하여야 할 것입니다.

하지만 최근의 여러 설문 조사들을 보면 많은 대기 수요들이 막연히 2018년에 공급과잉으로 주택가격이 하락할 수 있으니 2018~2019년을 주택 구매 시기로 생각하고 있다는 조사 결과들이 나오고 있습니다. 모든 투자의 책임은 언론이나 설문이 아닌 본인 스스로 온전히 가지게 된다는 걸 명심하길 바랍니다. 제 글 또한 참고만 해야겠지만.

| 대한민국 아파트 착공 실적 |

구분	아파트 착공 실적
1990~1994년	2,452,234
1995~1999년	1,890,122
2000~2004년	1,941,245
2005~2009년	1,726,678
2010~2014년	1,894,205

출처 : 온나라부동산정보3.0 통합포털

아파트 공급과 관련하여 추가로 살펴보면 많은 사람들이 한두 해만의 착공 실적에 과도하게 의미를 부여하는데요. 여기에는 오류가 상당합니다. 더욱이 최근 공급 물량을 비교할 때는 금융위기 이후 아파트 신규 착공이 확연히 줄어든 2010년 이후의 자료들 하고만 비교를 하고 있습니다. 하지만 5년 단위로 묶어보면 1995년 이후 아파트 착공은 200만 호 이내에서 안정적으로 관리되고 있음을 알 수 있습니다.

앞으로 5년간인 2015~2019년의 평균치를 2020년 이후 합산해 본다면 크게 다르지 않을 것입니다. 그리고 참고로 2015년 534,931호의 아파트 착공은 지난 25년간 아파트 착공 평균치인 42만 호에 비해서는 약 27% 많습니다. 하지만 실제 입주는 주로 2018년에 몰려 있습니다. 추가로 2017년 입주 물량과 바로 직결되는 2014년의 아파트 착공 물량은 347,000호로 25년 평균치인 42만 호의 81%에 불과합니다. 스펙트럼을 넓게 본다면 과도한 물량은 아닌 것이지요. 막연히 과거에 비해 현재는 주택이 많이 필요하지 않다고 생각하는 사람들이 있겠지만, 앞에서 가구 수 증가와 30대 이상 인구수의 증가 그리고 멸실 대기주택 물량에 대해서 이야기하였으니 이 글을 읽은 사람들은 저러한 막연한 생각을 하지 않으시리라 믿습니다.

그러면 앞으로 2017년 이후 아파트 신규 착공이 줄어들지 어떻게 아느냐고 하는 사람들이 있을 것입니다. 이 부분은 이미 최근 정부가 신규 택지 공급을 제한한다고 발표하였고, 이러한 발표 이전에도 박근혜 정부가 들어선 이후 지속적으로 택지 공급을 줄여온 것에서 알 수 있습니다. 더욱이 뉴스테이 정책을 준비하고 있을 시점인 2014년에는 역대 최소인 746만㎡로 줄였고요. 앞으로도 늘어나지 않습니다. 지금까지는

| 사업 주체별 택지 공급 현황 |

(단위 : 천㎡)

구분	2005	2006	2007	2008	2009	2010	2011	2012	2013	2014	합계 (05~14)	합계 (98~04)
합계	40,384	46,385	65,232	51,943	59,151	54,840	15,246	16,622	15,123	7,467	372,366	192,054
LH	-	-	-	-	53,917	48,232	5,175	13,850	14,977	3,185	139,336	-
토공	14,469	20,146	35,452	24,426	-	-	-	-	-	-	94,493	79,205
주공	16,708	19,053	18,611	21,449	-	-	-	-	-	-	75,821	42,655
지자체	9,207	7,159	11,169	6,068	5,234	6,608	10,071	2,772	146	4,282	62,716	70,194

자료 : 국토교통부 주택토지실

기업들이 기존에 받아 놓은 택지를 활용하여 분양을 밀어냈지만 앞으로는 그렇게 하기 어렵다는 말입니다.

　이러한 택지 공급 감소는 결국 머지않아 신규택지에서 시행되는 분양을 줄어들게 할 것입니다. 앞에서 2020년에 2015~2019년까지의 아파트 착공 물량을 합산해 보면 여타 기간들처럼 200만 호를 넘지 않을 수준이 될 것이라고 예상한 이유인 것입니다. 참고로 앞에서도 언급했듯이 이러한 신규택지 공급 감소는 건설 관련 주요 기업들이 개발할 택지가 부족해진다는 것을 의미하고, 이는 결국 앞으로 2020~2030년 사이에 벌어질 대한민국 역사상 최대 도시정비 사업에 해당 기업들이 집중하게 만들 것입니다. 반복하지만 도시정비와 맞물린 뉴스테이의 정착과 그 궤를 같이하게 될 것이고요.

　더욱이 2017년에는 대선이 있습니다. 대선 전에 부동산에 독기를 품고 찍어 누를 정부는 없을 것입니다. 일부 상품에 대해서만 과도한 상승을 제어하는 수준이 되겠지요. 바로 분양권과 주요 재건축 지역이 될 가능성이 높습니다. 일정 부분 규제가 나온다면 시장의 부동산 투자 대기 자금들은 분양권과 재건축에서 기존의 재고 주택들로 이동할 가능성이 높아 보입니다. 다 같이 오르더라도 수익률에서 차이가 발생할 수 있겠지요.

2019~2023년 부동산 시장, "이 시기가 더 위험하다"

2019~2023년은 우선 부동산 투자의 바로미터라고 말씀드린 금리의 경우 고점 이후 인하기를 맞이할 구간입니다. 하지만 해당 기간은 대체적으로 금리는 높은 시점입니다. 금리 인하 구간이기에 경기는 불황기일 테고요. 부동산은 초반에는 규제가 지속되겠지만 실제 부동산이 일정기간 침체에 빠져 있으면 결국 완화책이 후반기부터 다시 나오기 시작할 시기입니다.

2019년까지 이어질 입주 물량은 미분양을 늘려갈 시기이기도 하고, 입주량이 늘어나기에 임대시장은 안정화될 가능성이 높은 구간입니다. 임대시장이 안정화 되면 결국 그 부담은 집주인들에게 전가되는데요. 이때 여력이 있는 사람들은 버틸 수 있겠지만 과도한 차입을 통해 시장에 진입한 사람들은 금리마저 높은 구간이니 조달 비용의 상승으로 결국 시장에 매물을 내놓게 될 것입니다. 하지만 거래 자체도 쉽지는 않을 시기이기에 대부분 급매로 매매 거래가 이루어지는 매수자 우위의 시기가 될 가능성이 높습니다. 결국 하우스푸어 이야기가 사회 전면에 나올 시기가 될 수도 있겠고요. 경기 침체가 이어지면 대한민국 부동산 주택 가격 상승의 가장 중요한 엔진인 재건축 사업도 지지부진한 모습을 보이게 될 것입니다. 결국 많은 사업장이 지연될 가능성이 큽니다. 투자자들 중에 기다림에 지친 일부는 이탈하는 모습도 발생할 시기이고요. 이때 이러한 사업장을 중심으로 기업들의 뉴스테이 제안이 많아질 시기이기도 합니다.

이번 부동산 사이클에 진입하는 것이 부담스러워 시기를 놓친 무주택자들이라면 2022~2023년 정도가 시장 분위기는 상당히 좋지 않겠지만 진입하기에 가장 좋은 시기가 될 것입니다. 이 시기에는 경기가 좋지 않고 신규택지 공급 또한 제한적이고, 경기 침체로 재건축까지 지지부진하니 점차 주택 공급이 둔화될 것입니다. 전반적으로 에너지를 모을 시기이며, 투자 입장에서 본다면 고점 대비 낙폭 과다 재건축 사업장을 중심으로 관심을 가질 시기입니다. 필자도 다시 투자에 나설 시기를 2023년 이후 정도로 계획하고 있습니다.

2024~2028년 부동산 시장, "시장 회복과 재건축 르네상스"

한동안의 침체기를 딛고 대한민국 부동산의 재건축 르네상스 시대가 올 것입니다. 경기 침체로 지연되던 사업은 속도가 빨라질 것입니다. 대한민국 총 아파트의 50% 가까이가 30년 이상 된 노후 아파트가 되는 시기입니다. 더욱이 입지가 좋은 서울의 알짜 지역들이 재건축 사업장 상품으로 나오고 역시나 입지가 좋은 1기 신도시들 대부분의 아파트가 재건축 사업을 진행할 시기입니다.

대한민국 부동산 역사상 최대의 재건축 물량이 대한민국에서 입지가 가장 좋은 서울과 1기 신도시를 중심으로 쏟아져 나옵니다. 수도권 부동산은 두 개의 심장 아니 여러 개의 심장을 가진 엔진을 달게 되는 것이지요. 더욱이 이 때는 기존의 2기 신도시들이 자리를 잡는 완숙기로써 시기가 겹칩니다. 인구수와 가구수 모두 정점을 향해 나아가는 시기이기도 하고요. 수도권을 중심으로 가격상승 압력이 강력할 수밖에 없을 것입니다.

대한민국도 2030년 이후 점차 인구 감소가 진행될 것입니다. 이 시기 이후 대한민국 부동산의 질적 개편의 속도가 가팔라질 것입니다. 말 그대로 오르는 지역만 오르는 시기가 오는 것입니다. 최근에도 부동산 시장의 질적 개편에 대한 말이 많이 나오지만, 이번 사이클에는 수도권의 대부분의 부동산이 시기를 달리하며 결국 상승하고 있습니다. 하지만 2030년 이후 부동산은 그렇지 않을 가능성이 대단히 높습니다. 결국 핵심 지역들로만 수요가 몰리게 될 가능성이 큰 것입니다. 핵심 지역만 오르고 그 외 비핵심 지역의 부동산은 이번 사이클처럼 시차를 두고 핵심 지역에 비해서 수익률이 낮더라도 오르는 것이 아니라, 하락할 가능성이 크다는 말입니다. 결국 이 시기는 핵심 지역들로 부동산 보유와 투자를 개편해야 하는 시기인 것입니다. 이 글에서는 핵심 지역에 대해서도 말하고 있습니다.

앞으로의 대략적인 부동산 시장의 흐름에 대해서 살펴봤는데요. 다시 정리하자면 가장 중요한 것은 금리변동 주기를 살펴보는 것이고, 기억해야 하는 것은 2030년까지 총인구수, 그리고 주택 매수 대기 세력인 30대 이상 인구수, 그리고 가구수 모두 증가한다는 점입니다. 그리고 2020년대 중반부터 2030년까지 대한민국 역사상 최대의 도시정비 사업이 수도권에서 진행될 것이라는 점입니다. 앞으로 2030년까지 대략 14년 정도가 남아 있습니다. 14년간 화폐의 양 또한 현재보다 더욱 많이 풀려 있겠지요. 화폐가 흔해지니 물건의 값들은 오른 것처럼 보일 테고요. 이 14년 동안 굴곡은 있겠지만 대한민국 부동산 가격은 길게 놓고 본다면 결국 오를 가능성이 하락할 가능성보다 매우 높은 것입니다.

현재도 자기 소유의 주택을 보유한 사람과 자신의 주택을 소유하지 않고 임대로 거주하는 사람들의 자산가치의 격차가 점차 벌어지고 있는데요. 이러한 흐름은 기업형 임대사업인 뉴스테이의 등장으로 점차 더욱 그 차이를 벌리게 될 것입니다. 이 격차를 더욱 크게 할 것인지. 그렇지 않게 할 것인지는 이제 여러분의 선택에 달려 있습니다. 저의 글을 참고하시어 시기별로 좋은 선택들을 해나가길 기원해 봅니다. 다음 장에서는 이런 마음을 담아 선호도가 높은 지역과 높아질 지역에 대해서 살펴보도록 하겠습니다.

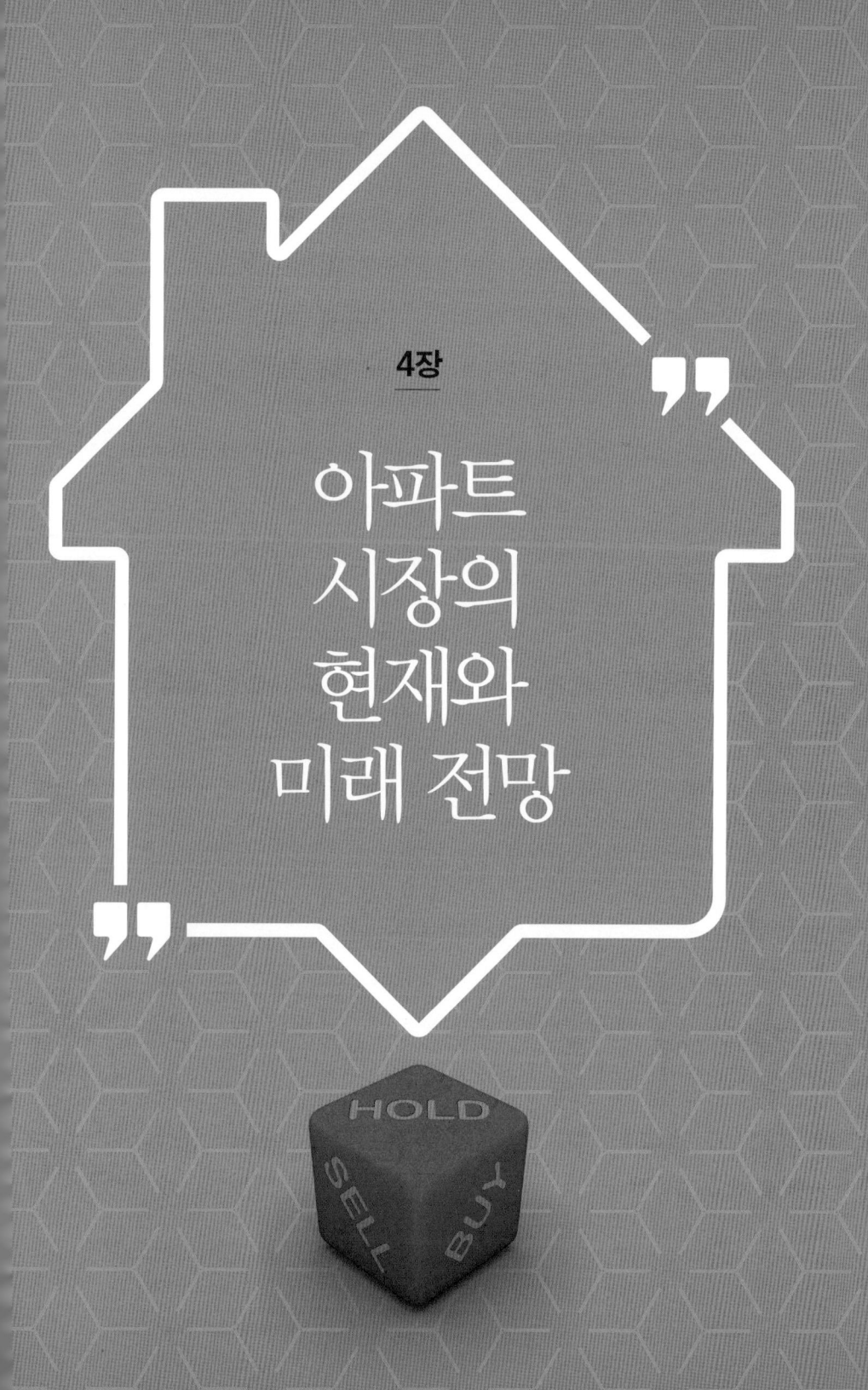

4장

아파트 시장의 현재와 미래 전망

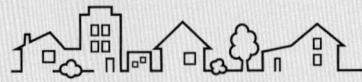

    이번 부동산 상승장은 수도권을 중심으로 흘러갈 가능성이 높습니다. 지방으로까지 확대된 여신심사 강화는 처음으로 지방에 가해진 대출 규제로 지방은 현재 스트레스 테스트 구간에 진입해 있습니다. 이에 시장의 자금들이 점차 수도권으로 눈을 돌리고 있지요. 이러한 시장의 돈들은 현재 수도권 부동산 시장을 움직이는 양대 축인, 신축 대단지를 형성하며 새로운 주거지로 급부상하고 있는 2기 신도시와 최근 정부 부동산 정책의 핵심인 도심정비 사업의 혜택을 받게 될 재건축 재개발 지역들로 모여들고 있습니다. 결국 앞으로 몇 년간 대한민국 부동산 시장은 수도권 주요 지역들에 의해서 움직일 가능성이 큰 것입니다.

    더욱이 이러한 흐름은 자연스럽게 기존의 수도권 재고 주택들과 2021년 이후 재건축 연한을 순차적으로 넘겨 도심재생의 큰 장이 설 1기 신도시들에까지 연결되어, 다음 사이클까지 수도권 대세 상승으로 연결되어 이어질듯합니다. 다음 사이클까지 아직 매우 많은 시간이 남아 있는 것 같지만 부동산 투자에서 장기적 관점의 기다림은 필수입니다. 당장 투자에 나서든 장기적으로 투자시기를 가늠하든 결국 긴 시간을 보는 연습을 해야만 좋은 시기에 좋은 아파트를 매수할 수 있습니다. 개발 계획들이 지연되고 시간이 오래 걸리더라도 방향성만 확실하다면 결국 실현이 되는 것이 부동산이니까요.

    이번 장에서는 서울의 주요 지역들과 현재 선호도가 높은 2기 신도시들 그리고 길게 보면 결국 선호도가 다시 올라갈 1기 신도시들을 주택 구매자 입장에서 선호의 요인들과 시기의 측면에서 살펴볼까 합니다.

서울 아파트 시장 변화와 전망

: 앞으로 10년간 가장 전망이 좋은 곳은 서울이다 :

서울은 오랜 역사를 가진 도시이며 대한민국의 수도를 넘어 대한민국 하면 가장 먼저 떠오르는 글로벌 대도시로 성장하고 있습니다. 사실 서울의 경우 대부분 지역의 선호도와 수요층이 단기적으로나 장기적으로나 꾸준할 수밖에 없습니다. 대한민국 부동산 투자에 있어서 언제나 첫 번째 선택지인 셈이지요. 그럼에도 서울 안에서의 지역별 편차 또한 언제나 존재합니다. 그래서 지역별 계획과 미래 가치에 대해서 관심을 가지고 좋은 부동산을 고르기 위해 노력해야 합니다.

서울의 인구는 지난 60여 년간 드라마틱하게 변화해왔습니다. 1951

년 한국 전쟁 당시 약 65만 명이었던 것에서 1992년 1,097만 명까지 급속히 증가를 하였지요. 서울의 이러한 인구 증가와 집중화는 세계적으로도 유례를 찾아보기 힘든 특이한 케이스입니다. 1990년대 이후 인구는 점차 안정화되고 있고 최근에는 1,000만 명이라는 숫자가 깨졌지만, 이러한 서울의 인구수 감소는 멸실 주택의 증가와 가격 상승 등 결국 살 수 있는 주택의 감소에 기인합니다. 통계청 서울의 미래 인구 추계 또한 멸실 주택들이 재생사업을 거친 후 다시 새로운 주택으로 탈바꿈하는 2030년까지 1,020만 명으로 증가하며 그 후에 일정하게 유지할 것으로 예상하고 있습니다.

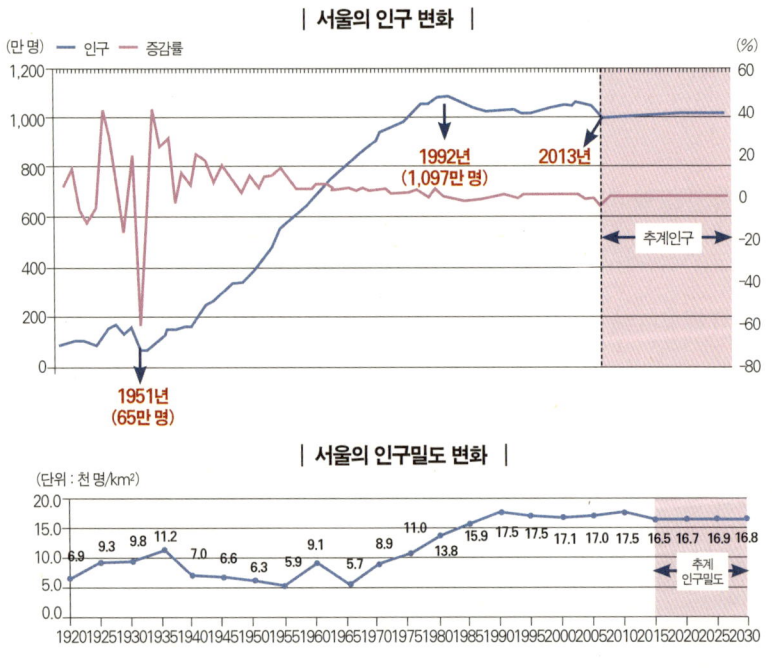

1990년대 이후 서울의 인구밀도는 17천 명/km² 선을 유지하고 있습니다. 미국 포브스 지에 따르면 세계 도시별 인구밀도 비교에서 서울의 인구밀도는 중국의 주요 도시들보다 높은 것으로 나타나고 있습니다. 중국의 수도 베이징이 12위로 11천 명/km², 10위는 상하이로 13천 명/km², 7위는 타이베이로 15천 명/km² 순이고, 대한민국의 서울은 6위를 차지하고 있습니다.

참고로 1~3위는 각각 인도 뭄바이(24천 명/km²), 인도 콜카타(23천 명/km²), 파키스탄 카라치(19천 명/km²) 순이었습니다. 선진국에 속하는 대도시들 가운데 서울이 단연 규모도 크고 인구도 많은 도시인 것입니다. 이러한 서울의 주택 가격은 서울보다 인구밀도가 낮은 중국의 베이징과 상하이보다도 낮게 형성되어 있는 수준이기에 미래에도 상승 여력이 충분해 보입니다.

서울에는 현재 279만 호의 주택이 있습니다. 주택 보급률은 97%로 대한민국에서 가장 낮은 도시이고요. 가구당 주택수도 대도시 중에 가장 부족한 상황입니다. 이렇게 부족한 서울의 주택 279만 호 중에 20년 이상 된 주택이 총 117만 호이며 30년 이상 된 주택이 37만 호입니다. 현재는 주로 37만 호가 재건축이나 재개발 대상지이지만, 향후 10년 안에 117만 호가 새로운 재건축 재개발의 대상이 될 것입니다. 특히나 서울같이 신규택지가 나올 수 없는 곳에서 재개발과 재건축은 선호도가 꾸준히 집중될 수밖에 없습니다. 언제나 신축주택에 대한 수요는 꾸준하니까요.

앞으로 10여 년간 서울은 '헌집 줄게 새집 다오.'의 양적으로나 질적으로나 최대 시장이 들어서게 됩니다. 현재도 주택이 부족한데 앞으로 10여 년간 서울은 역사상 최대의 재건축 재개발 대상지들이 늘어나게 되어 있으니까요. 단기적으로 멸실 주택이 꾸준히 늘어나기 때문에 서울 주택 시장의 전체적인 안정화는, 20년 이상 된 주택들이 정비사업을 마치고 새로운 주택이 안정적으로 공급되는 10년 이후에나 가능할 것입니다. 그 10년간은 주택 가격 상승의 최대 에너지를 만들어내는 재건축 재개발 사업들 때문에 강력한 시세 상승 압력을 받게 될 것이고요. 대한민국 주택 시장에서 앞으로 10년간 그리고 그 뒤의 10년간 역시 가장 시장 분위기가 좋을 곳이 서울이 될 것입니다. 이러한 서울의 부동산 투자에 있어 수익을 극대화하기 위해 눈여겨볼 것이 크게 2가지 있습니다. 바로 서울특별시의 장기 개발 계획인 '2030 서울플랜'과 '한강변 개발'입니다.

: 2030 서울플랜, 아는 만큼 보인다 :

1990년부터 서울시는 서울도시기본계획을 발표하고 있습니다. 2014년에 4번째 서울도시기본계획이 확정 발표되었으며, 그것이 '2030 서울플랜'입니다. 2030 서울플랜의 위상은 아래와 같습니다.

- 서울시 모든 분야를 아우르는 최상위 법정 계획
- 20년 후 도시의 미래상 및 발전 방향을 제시하는 장기 계획

- 미래상과 핵심 이슈를 공간 구조와 토지 이용으로 실현화하는 공간 계획
- 정책의 우선순위를 설정하여 자원의 효율성을 강조한 전략적 계획

이 2030 서울플랜에서 서울은 3개의 도심과 7개의 광역중심 그리고 12개의 지역중심으로 나뉘어져 있습니다. 해당 지역별 개발 컨셉이나 방향 등은 각기 다르지만 해당 지역 대부분이 서울 투자의 주요 대상들이 될 가능성이 대단히 높습니다. 투자의 우선순위가 될 수 있는 지역들이라는 이야기인데요. 내용을 좀 더 자세히 살펴보면 다음과 같습니다.

| 3 도심 |

한양도성, 영등포/여의도, 강남

| 7 광역중심 |

용산, 청량리/왕십리, 창동/상계, 상암/수색, 마곡, 가산/대림, 잠실

| 12 지역중심 |

도심권 : 동대문

동북권 : 망우, 미아, 성수

서북권 : 신촌, 마포/공덕, 연신내/불광

서남권 : 목동, 봉천, 사당/이수

동남권 : 수서/문정, 천호/길동

| 2030 서울플랜 광역교통축 구상 |

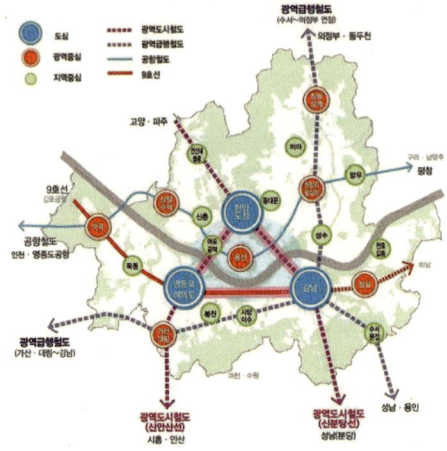

출처 : 서울시

| 3대 도심의 특성 및 육성 방향 |

- **한양도성** : 역사문화중심지(ICC, International Cultural Center) - 서울의 역사도심으로 국제적인 문화교류 기능을 담당
  *기존 도심의 범위를 한양도성 안으로 한정하여 역사 보전에 초점을 맞추도록 하되, 대한민국 수도 서울의 경제, 행정, 문화 중심지로서의 특별한 지위 유지

- **영등포 · 여의도** : 국제금융중심지(IFC, International Financial Center) - 증권거래소 등을 중심으로 국제금융 기능을 담당

- **강남** : 국제업무중심지(IBC, International Business Center) - 국제기구 유치 및 MICE 산업 육성 등을 통해 다양한 국제비즈니스 기능을 담당

출처 : 서울시

| 7대 광역중심의 특성 및 육성 방향 |

- **용산(도심권)** : 역사 도심인 한양도성 안에서 수용하기 어려운 고밀·고층의 대형 상업·업무시설 등을 흡수하고, 한양도성 및 영등포·여의도와 연계한 국제기능 등 고차 업무기능을 집적

- **청량리·왕십리(동북권)** : 지역 간 철도교통 및 환승 역세권의 잠재력을 활용하여 상업·문화 중심기능을 집적

- **창동·상계(동북권)** : 경원축의 중심지로 창동 차량기지 등 가용지를 활용하여 지역 고용기반을 구축함으로써 외곽에서 시내로 유입되는 통근 교통을 흡수하고 서울 대도시권 동북 지역의 자족성을 제고

- **상암·수색(서북권)** : 한강축에서 경의축이 갈라지는 교차점으로 대규모 개발 가용지를 활용하여 서울 대도시권 서북 지역의 광역적 고용기반을 구축

- **마곡(서남권)** : 김포공항 및 상암과 연계, 대규모 개발 가용지를 활용하여 신규 지식기반산업을 창출

- **가산·대림(서남권)** : 산업단지 및 구로차량기지 등 가용지를 중심으로 창조적 지식기반 고용기능을 확산

- **잠실(동남권)** : 강남 도심과 연계, MICE 산업 등을 육성하여 국제적 관광·쇼핑 기반을 구축

출처 : 서울시

| 12대 지역중심의 특성 및 육성 방향 |

- **동대문(도심권)** : 패션산업 등을 통해 다양한 창조산업 육성(역사 보전에 초점을 맞춘 도심과 기능 구분)

- **망우(동북권)** : 지역 간 철도교통을 기반으로 상업·문화 중심기능을 집적

- **미아(동북권)** : 교통의 결절점으로 상업·문화 중심기능을 집적

- **성수(동북권)** : 건대입구의 대학잠재력과 성수 준공업지역을 연계하여 창조적 지식 기반산업 집적지로 전환

- **신촌(서북권)** : 신촌·홍대앞 등 집적된 대학잠재력을 활용하여 다양한 창조문화산업의 거점으로 육성

- **마포·공덕(서북권)** : 공항철도를 기반으로 기존의 업무기능을 확대

- **연신내·불광(서북권)** : 교통의 결절점으로 상업·문화 중심기능 집적 및 사회혁신 창조클러스터를 활용한 신성장산업 육성

- **목동(서남권)** : 기존의 업무 및 상업 중심의 자족기능 확대

- **봉천(서남권)** : 행정, 상업, 문화, 대학 등의 특화된 기능의 융복합을 통하여 서남권의 복합업무거점으로 육성

- **사당·이수(서남권)** : 동서 및 남북 간 교통의 결절점으로서의 잠재력을 활용한 고용 기반 강화

- **수서·문정(동남권)** : 광역교통기능(KTX)과 연계하여 업무·R&D·물류 등 복합 기반 구축

- **천호·길동(동남권)** : 대규모 배후지역 개발에 따라 외곽에서 시내로 유입되는 통근 교통을 흡수하는 고용기반 구축

출처 : 서울시

ː 한강변의 가치는 시간이 갈수록 상승한다 ː

한강변 관리기본계획은 법정 최상위 계획인 '2030 서울플랜(도시기본계

획)'에 근거를 두고 수립한 한강 관련 기본계획입니다.

출처 : 서울시

부동산 시장이 과거의 양적 확대를 위한 공급 위주의 시장에서 점차 삶의 질적 만족도에 대해 관심이 높아지는 시장으로 변모해가고 있습니다. 이러한 변모는 상대적으로 소득 수준이 높은 서울을 중심으로 점차 더 활발히 전개될 것이고요. 이러한 관점에서 한강을 끼고 있는 지역은 미래 부동산 투자의 중요한 변수가 될 것입니다. 더욱이 한강변을 직접 접한 지역들은 한정되어 있고요. 결국 이러한 지역의 아파트들은 주거의 질적 만족도가 자연스레 향상될 것이기에 시간이 지날수록, 우리의 소득이 높아질수록 그 가치를 높여갈 것입니다.

한강을 끼고 있는 구는 강동구, 광진구, 송파구, 강남구, 성동구, 용산구, 서초구, 동작구, 영등포구, 마포구, 강서구 등 10개의 구가 있으며 이러한 구 안에서도 한강과 인접한 지역 대부분은 한강과 연계한 개발이 진행될 것이기에 서울 부동산 중에서도 오래 두고 써먹을 수 있는 히든카드를 지닌 알짜 지역들이라고 보아도 무방할 것입니다.

∴ 대한민국 부동산의 기준 강남구 ∴

강남구 m^{2}당 매매와 전세 시세					
구분	2013년	2014년	2015년	2016년	4년간 상승률
매매	860	914	993	1,095	27%
전세	400	436	532	560	40%
전세가율	47%	48%	54%	51%	4%

(단위 : 만 원)

* 연도별 9월 첫주 KB시세 기준

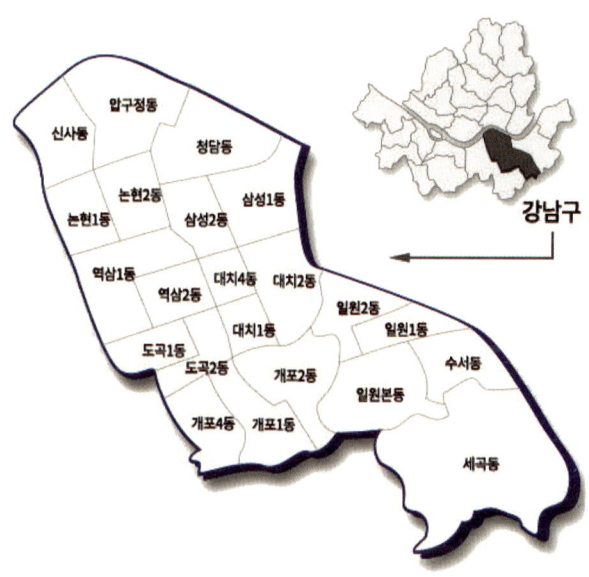

강남은 2030 서울플랜에서 서울 개발의 3대 코어인 도심에 속하게 되었습니다. 서울에서 가장 많은 양질의 일자리를 가지고 있는 곳이자, 대치

동 학원가를 중심으로 대한민국 교육의 1번지이기도 합니다. 그리고 압구정동을 중심으로 한강변을 따라 아파트 단지가 조성되어 있습니다. 주택 수요를 일으키는 선호도 측면에서 모든 조건을 만족하는 곳이지요.

강남구는 부동산 회복기인 지난 4년간 매매는 27%, 전세는 40%의 상승률을 나타내고 있습니다. 전세가율은 51%로 상대적으로 낮은데요. 이는 재건축 단지를 중심으로 낮은 전세가가 유지되고, 투자 수요로 인해 매매가는 높게 형성되기 때문입니다. 앞으로 진행될 몇 가지 굵직한 사업들과 앞으로도 잃지 않을 상징적 지위를 생각한다면, 강남구 재건축 아파트 시세가 급등하였다고 하여도 사실 그것을 비싸다 싸다로 규정할만한 아무런 기준이 없습니다. 지금 강남의 부동산이 비싸다고 보기는 어려운 이유입니다. 기준은 강남구가 만들어 나가야 하니까요. 미래 강남구 부동산에는 3가지 중요한 요소들이 있습니다. 첫째, 서울 도심으로의 개발 − 국제업무중심지(IBC, International Business Center) 개발 둘째, 도심정비 사업 셋째, 대치동 학군 수요 등입니다.

먼저 서울 도심으로의 개발입니다. 한전부지가 현대차의 손에 들어갔는데요. 이 부지를 현대차는 GBC 즉 글로벌 비즈니스센터로 개발하기로 하였습니다. 이 부지를 현대차가 매입하며 공공기여금으로 낼 돈이 1조 7491억 원입니다. 이 공공기여금을 우선 활용하여 영동대로 지하공간을 복합개발하는 데 쓰일 예정입니다. 서울시와 강남구가 몇 가지 문제로 의견 충돌이 있지만 큰 틀에서 개발 방향은 유사하기에 결국 비슷한 형태로 진행이 될 가능성이 높습니다. 현대자동차그룹 글로벌 비즈니스센터인

출처 : 서울 강남구

제4장 아파트 시장의 현재와 미래 전망

출처 : 중앙일보

GBC센터에는 초고층 통합사옥 건물과 호텔, 오피스 건물과 공연장, 그리고 컨벤션 및 전시시설 등 총 6개 건물이 들어서게 됩니다.

이 시설들과 연계되어 수도권 철도망의 핵심이 될 GTX A노선, C노선, KTX 동북부 연장선, 위례-신사선 등 미래 광역 교통 지도를 바꿔놓을 중요한 철도들이 모두 영동대로 지하의 복합 환승센터로 모이게 될 예정입니다. 복합 환승센터에는 기존 2, 9호선은 물론이고 버스 환승센터까지 연계될 예정이기에 서울의 교통 허브가 되겠지요.

이러한 국제업무중심지 개발은 인근 송파구의 잠실 종합운동장 MICE 산업 개발과 함께 맞물려서 진행이 되고 있는데요. 최근 송파구 잠실동 재건축 3총사였던 리센츠, 트리지움, 엘스 아파트들 중에서 개발 예정지와 거리상 가장 가까운 잠실 엘스 아파트의 시세 상승률이 눈에 띄게 좋아졌습니다.

- 4개 주구 / 24개 단지 / 총 10,335세대
- 대부분 1970년 말~1980년 초에 건설된 것으로 단지별로 재건축 시기 도래

출처 : 한국경제

다음으로 도심정비 사업입니다. 현재 대한민국 부동산 정책의 핵심은 수차례 이야기했지만 도심정비 사업입니다. 대한민국 부동산의 가장 중요한 요소는 '헌집 줄게 새집 다오.'인 것이죠. 이러한 도심정비 사업의 방점과 마무리는 대한민국 부촌 1번지인 압구정동 재건축 사업입니다. 이 압구정동 재건축 사업을 최근 서울시에서 지구단위계획으로 변경하겠다고 발표하였습니다. 지구단위계획은 쉽게 말해 신도시처럼 통합 개발을 하겠다는 뜻으로 이해하면 편합니다. 단기적으로는 계획 변경으로 압구정동 재건축 사업은 시간이 조금 더 소요될 것입니다. 하지만 압구정동이라는 상징성을 생각한다면 시간이 조금 더 걸리더라도 지구단위계획으로 복합적이고 체계적인 개발이 되는 것이 결국 대한민국 부촌 1번지에 걸맞은 개발이라는 생각입니다.

마지막으로 강남의 학군 수요입니다. 최근에 부동산 증여를 통한 부의 이전이 활발하게 진행되고 있다고 말씀드렸습니다. 이러한 부의 이전은 부동산뿐만 아니라 교육을 통해서도 이루어지는데요. 자산이 많을수록 자녀들에게 많은 교육의 기회와 비용을 제공할 수 있습니다. 이는 결국 더 좋은 직업을 가질 수 있는 기회와, 더 좋은 주변 환경과 미래의 인맥을 형성하는데도 영향을 미칠 수 있다는 것을 의미합니다. 이러한 현상은 단순히 교육 이상의 의미를 넘어 미래의 네트워크 구축이라는 의미까지 담고 있기에 강남구 학군 수요는 구조적으로 끊어지기 어렵습니다.

더욱이 대치동 학원가는 강남구 외의 서초구와 송파구 수요까지 흡수할 수 있는 지리적 장점도 가지고 있기에 교육특구 대치동의 위상은 앞으로도 변함없이 유지될 것입니다. 학군 수요에서 가장 중요한 것이 중학교인데요. 참고로 2015년 서울지역 중학교 국가수준 학업성취도평가 TOP30 안에 강남구의 중학교 12개교가 포진하여 40%의 비중을 차지하였습니다. 그 뒤로는 서초구 8곳, 양천구 4곳, 송파구 3곳, 광진구 2곳, 강북 1곳 등으로 나타났습니다.

덧붙여 만약에 누군가 아파트 한 채를 줄 테니 어디를 선택할래? 하고 물어본다면 사람들은 당연히 강남구 아파트를 선택할 것입니다. 부동산은 통계도 중요하고 수요와 공급도 중요하지만 직관적으로 보이지 않는 변수들을 감안하여 좋은 지역을 고를 줄 알아야 합니다. 좋게 말하면 직관이고 다르게 이야기하면 찍기일 수도 있습니다. 이러한 직관, 아니 찍기도 주관식이 아닌 객관식으로 문제를 변환할 수는 있습니다. 무슨 말이냐 하면 수도권 내에서도 투자하기에 적당한 지역은 사실 어느 정도 부동산에 관심이 있는 사람이라면 동네 몇 번 방문해 추진 예정 사업들을 보고 미분양 현황, 공급예정 물량, 연식, 용적률&건폐율, 토지 종들을 헤아려 보면 한정할 수 있다는 말이죠. 이렇게 투자할 곳들을 선정하면 주관식 문제를 객관식 문제로 변환하는 것과 마찬가지인데요. 하지만 이러한 객관식의 답안도 무조건 오를 거라고 확신에 찼던 물건은 전혀 생각지 못했던 변수로 지지부진하고, 공급이 많아서 오르는데 시간이 오래 걸릴 수도 있겠다고 생각했던 물건은 쉽게 납득이 되지 않는 이유로 보란 듯이 치고 나가기도 합니다. 위에 언급한 객관식 문제로 변환하기 위해 고려했던 변수들 말고도 보이지 않는 변수들이 존재하기 때문입니다.

다들 가지고 싶어 하는 강남의 부동산의 경우도 눈에 보이는 변수만 가지고 현재의 시세가 형성되었다고 보기는 어렵습니다. 차로 20여 분 거리의 34평 신축 아파트보다 강남의 오래된 아파트가 2배 이상 비싸기 때문이지요. 여기에는 우리가 놓치는 중요한 변수가 존재합니다. 강남이라는 곳이 가진 상징성과 그 상징에 대한 우리의 욕망이라는 변수가 존재하는 것입니다. 이러한 보이지 않는 변수로 인해 강남 아파트가 사실 지금보다 더 오른 가격에 거래된다 하여도 이상할 것은 없습니다.

결국 강남구 아파트들이 기준이고 천장이기에 천장이 높아지면 높아질수록 서울 전체 아파트의 가격대가 상향 조정되며 각각의 구들이 줄을 설 수 있게 되는 것이지요. 서울의 부동산은 결국 언제나 강남이 먼저 천장을 열어주어야 하는 것입니다. 강남구의 부동산이 급등한다면 결국 서울 인근 지역도 오를 가능성이 대단히 커집니다. 강남구 부동산 급등이 확인되면 서울의 대체 투자지들에 신속하게 투자하는 방법을 활용한다면, 바닥에서 부동산을 잡기는 어려워도 안전하게 투자 수익을 올릴 수 있는 좋은 방법이 될 수 있습니다.

: 서울의 정중앙 용산 :

| 용산구 m^{2}당 매매와 전세 시세 |

(단위 : 만 원)

구분	2013년	2014년	2015년	2016년	4년간 상승률
매매	658	628	665	711	8%
전세	306	355	406	449	47%
전세가율	47%	57%	61%	63%	17%

* 연도별 9월 첫주 KB시세 기준

용산은 서울의 정중앙에 위치하고 있습니다. 서울 어느 곳이나 접근성이 뛰어난 지역입니다. 조선 시대부터 용산은 서울의 중심이었습니다. 조선 시대부터 교통의 중심지였기 때문에 자연스레 전국의 물자가 집결하였습니다. 물자가 모이니 풍요로운 지역이 되었고요. 더욱이 뒤로는 남산이 있고 앞으로는 한강을 끼고 있는 전형적인 배산 임수 지형입니다. 서울에서도 손꼽히는 명당자리인 것이지요.

이렇게 좋은 자리였기에 1883년 개항과 함께 용산은 일본의 손에 넘어갔습니다. 일본은 이곳을 병참기지화해서 활용을 하였지요. 1945년 해방과 함께 미24사단이 일본군기지를 접수하는 과정에서 자연스럽게

용산에 정착하였습니다. 결국 1883년 개항 이후 130여 년 동안 용산의 주요 자리를 외국인에게 내주었기에 서울시나 국가에서 주도적으로 개발하는 데에는 한계가 있었습니다. 이러한 용산이 미군기지의 평택 이전과 맞물려 자연스럽게 개발의 핵심 지역으로 급부상할 것입니다. 용산의 주요 호재들로는 우선 미군기지 이전에 따른 개발이 있습니다.

대한민국 부동산 시장이 삶의 질 개선과 연관해 지속적으로 변하게 될 것이라는 말을 계속하고 있는데요. 이러한 삶의 질 개선 측면에서의 수요는 앞으로 용산이 가장 커질 지역 중의 하나입니다. 서울의 중앙에 위치해 사통팔달 어디든 접근성이 뛰어나다는 점 이외에도 용산구의 한강변 아파트들은 남향으로 한강을 조망할 수 있습니다. 뒤로는 용산 기지가 국가 지정 공원으로 개발 예정에 있고요. 현재 정부와 서울시 간의 마찰이 있지만 시기의 문제이지 결국 대한민국 1호의 국가공원을 배후에 품게 되는 주택 단지들이 탄생할 것입니다.

동부이촌동과 서빙고동이 대표적인 수혜 단지가 될 것입니다. 동부이촌동의 주요 단지들과 서빙고동의 신동아아파트 등 용산구에는 재건축

출처 : 서울시

연한을 넘긴 아파트들이 다수 있습니다. 현재는 해당 지역의 랜드마크 아파트로 재건축을 완료한 래미안 첼리투스가 있는데요. 다른 재건축 대상 아파트들이 어떠한 형태로 변모할 것인지가 해당 지역 랜드마크 아파트 선정의 중요한 관전 포인트가 될 것입니다.

최근 재건축 예정 단지들에 상단한 호재로 작용할 정책이 나왔는데요. 바로 경원선을 용산역에서 서빙고역까지 지하화하고 지상 공간은 숲길 공원으로 조성한다는 것입니다. 서울의 대표적인 부촌으로 성장하기 위해서는 지역을 단절시키고 소음피해 등이 발생할 수 있는 지상철의 지하화는 중요한 일인데요. 해당 계획이 실행된다면 재건축 단지들에게는

| 경원선 숲길공원(가칭) 추진 계획 |

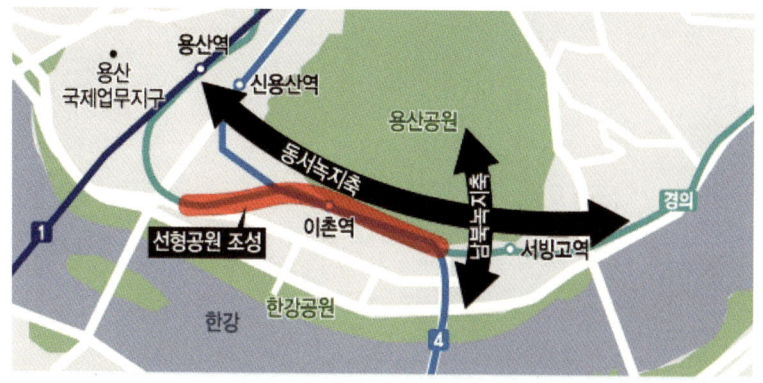

출처 : 머니투데이

커다란 호재로 작용할 것입니다.

 그리고 올해 신분당선 강남에서 신사를 연결하는 1단계 연장 공사가 착공에 들어갔습니다. 이후 신분당선은 동빙고역을 거쳐 용산역까지 연결될 예정입니다. 알짜 노선 중의 하나인 신분당선까지 연결된다면 서울의 대표적인 부촌인 용산구와 강남구의 연결이 획기적으로 개선될 것입니다. 서울의 정중앙 용산은 단기적으로나 장기적으로나 서울의 가장 훌륭한 투자처 중의 한 곳임에는 분명합니다.

| 신분당선 연장선 |

출처 : 서울시

∷ 대표적 미래 일자리 창출 지역 강서구 ∷

강서구 m²당 매매와 전세 시세					
구분	2013년	2014년	2015년	2016년	4년간 상승률
매매	360	359	400	449	25%
전세	230	243	317	339	47%
전세가율	64%	68%	79%	76%	12%

(단위 : 만 원)

* 연도별 9월 첫주 KB시세 기준

서울의 낙후지역 개발사업 중의 하나가 마곡지구 개발입니다. 대기업 입주 중심의 마곡 개발도 대표적인 저평가지역 중의 하나였던 강서구 부동산의 가치 상승에 대단히 큰 작용을 하고 있습니다. 마곡지구의 컨셉은 산업단지, 쾌적한 주거환경, 그리고 공원녹지로 정해지는데요. 산업단지의 경우 첨단기술간 융합을 바탕으로 연구와 생산이 조화된 미래지향형 복합단지 조성을 목표로 글로벌 R&D센터들과 연구소 등 대기업 중심의 클러스터로 육성이 될 예정입니다. 주거의 경우에는 서울이라는 입지적 장점의 활용과 함께 고급인력의 유치가 중요한데요. 이들의 수준 높은 주거 수요에 대응하기 위하여 업무지구 및 첨단산업 클러스터와 인접하여 적정밀도의 다양하고 쾌적한 주거지를 공급하고 있습니다.

전체 개발 면적 중에 주거용지의 비율은 16%에 불과한 반면, 업무용지와 산업시설용지가 무려 28%에 달합니다. 그리고 또 하나의 장점으로

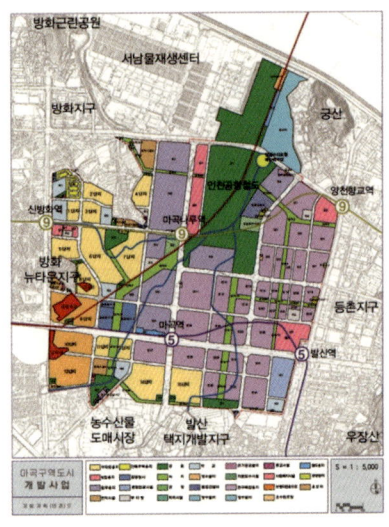

근린공원 부지가 15%, 녹지가 5% 가까이 차지하고 있고요. 주거시설 대비 업무용지 즉 일자리가 많고 녹지가 풍부하면, 향후 대한민국 부동산 트렌드의 큰 축인 주거의 질적 향상에 대단히 유리해집니다. 현재 도시 개발이 진행 중임에도 일정 부분 시세에 반영이 되고 있기도 하고요. 더욱이 기존의 신도시나 택지지구 개발과는 확연히 다른 컨셉의 개발이기에 얼마가 적정 시세인지는 결국 마곡지구 개발이 완료되고 자리를 잡아갈 때 즈음 정확한 시세를 확인할 수 있게 될 것입니다.

철도 교통망의 경우 공항철도, 5호선, 9호선 등 알짜 노선을 끼고 있기에 교통의 편리성도 우수합니다. 하지만 마곡의 경우 부동산 투자에 가장 결정적인 역할을 할 것으로 기대되는 것은 결국 일자리입니다. 마곡지구는 2016년부터 본격적으로 기업들의 입주가 시작됩니다. 그리고

2019년까지 입주가 진행이 되는데요.

  2020년에는 마곡지구 안에서만 대략 5만 5000~6만 5000여 명의 대규모 인원이 상주하며 근무를 할 것으로 보여집니다. 이러한 일자리 창출은 마곡뿐만 아니라 서울 서남권의 앵커 역할을 하게 되어 배후지역의 부동산에까지 영향력을 미치게 될 것입니다. 2016년부터 마곡에 입주하는 기업들을 잠시 살펴볼까요?

  현재 마곡의 경우 기업들의 입주에 앞서 이미 주변 아파트 시세에 호재들이 반영되기 시작하였습니다. 하지만 앞서 말한 것처럼 결국 정확한 시세는 2019년 이후 마곡에 기업들이 모두 입주를 마쳐야 파악이 가능할 것입니다. 서울의 대표적인 호재 지역이기 때문에 실제 영향력은 2019년 이후에 더욱 강력해질 가능성이 높습니다. 한강과 연계한 보타닉 가든이라는 완성도 높은 공원도 가지게 되고요. 교통, 일자리, 주거의 질적 만족도 향상 등 좋은 거주지로서의 장점을 모두 지니고 있기에 마곡지구가 자리를 잡아가는 2020년 이후까지 내다보고 투자를 한다면 실패할 확률이 적을 것입니다. 또한 일부 단지로 급격히 몰리고 있지만 이러한 현상도 해당 지구가 자리를 잡아가면서 점차 그 갭을 메우게 될 가능성이 높습니다.

구분	기업명	면적(㎡)	착공연도	준공예정연도	인근 지하철
1	티케이케미컬	3,000	2014	2016	발산역
2	원우이엔지	2,600	2015	2016	발산역
3	화천기공	1,720	2016	2016	발산역
4	평안	1,479	2016	2016	발산역
5	웰스바이오	1,269	2015	2016	발산역
6	케이티앤에프	1,268	2015	2016	발산역
7	크레스라이트	1,235	2015	2016	양천향교역
8	메이비원	1,146	2015	2016	발산역
9	케이케이디씨	1,045	2015	2016	양천향교역
10	LG컨소시엄1차	134,181	2014	2017	마곡역
11	LG컨소시엄2차	45,526	2015	2017	발산역
12	S-oil	29,099	2016	2017	양천향교역
13	코오롱컨소시엄	18,502	2015	2017	양천향교역
14	롯데그룹	15,638	2015	2017	마곡나루역
15	오토닉스	4,300	2016	2017	마곡나루역
16	화성전자	3,583	2015	2017	마곡역
17	태하메카트로닉스	3,025	2016	2017	마곡역
18	에스에스뉴테크	2,226	2016	2017	마곡나루역
19	새일전기	2,202	2016	2017	양천향교역
20	디지캡컨소시엄	1,937	2016	2017	발산역
21	한국의약품수출	1,453	2016	2017	발산역
22	센서텍	1,387	2016	2017	발산역
23	캐스트윈	1,387	2016	2017	발산역
24	두올	1,376	2016	2017	발산역
25	고려에스엠티	1,269	2016	2017	발산역
26	프리즘	1,268	2016	2017	발산역
27	엔터미디어	1,225	2016	2017	양천향교역
28	라파스	1,196	2016	2017	양천향교역
29	이사케이	1,129	2016	2017	발산역
30	서전기전	1,046	2016	2017	양천향교역

구분	기업명	면적(㎡)	착공연도	준공예정연도	인근 지하철
31	월드튜브	1,046	2016	2017	양천향교역
32	유한테크노스	951	2016	2017	양천향교역
33	트라이콤텍	950	2016	2017	양천향교역
34	엘켐텍	929	2016	2017	양천향교역
35	광선전기	799	2016	2017	양천향교역
36	FITI시험연구소	7,665	2016	2018	양천향교역
37	신송컨소시엄	2,979	2017	2018	양천향교역
38	에스디생명공학	2,311	2016	2018	양천향교역
39	테고사이언스	1,526	2016	2018	발산역
40	소룩스	1,145	2017	2018	발산역
41	원봉	1,132	2017	2018	발산역
42	신신제약	1,070	2017	2018	양천향교역
43	쿠키혼	1,061	2017	2018	양천향교역
44	메인텍	1,054	2017	2018	양천향교역
45	팜스빌	1,045	2017	2018	양천향교역
46	한국건설업품질연구원	1,045	2017	2018	양천향교역
47	이랜드	32,099	2015	2019	양천향교역
48	넥센컨소시움	17,105	2016	2019	마곡나루역
49	귀뚜라미	9,900	2017	2019	마곡역
50	범한산업	4,906	2017	2019	발산역
51	싸이버로지텍	4,389	2017	2019	마곡나루역
52	제닉	3,510	2016	2019	발산역
53	아워홈	2,967	2017	2019	양천향교역
54	KH에너지	1,397	2017	2019	발산역
55	파이언넷	1,335	2017	2019	발산역
56	한보이앤씨	1,225	2017	2019	양천향교역
57	대우조선해양	61,232	매각	작업	

∶ DMC 수혜를 입게 될 은평구와 서대문구 ∶

은평구 m²당 매매와 전세 시세					
구분	2013년	2014년	2015년	2016년	4년간 상승률
매매	348	353	366	398	14%
전세	209	240	271	308	47%
전세가율	60%	68%	74%	77%	17%

(단위 : 만 원)

* 연도별 9월 첫주 KB시세 기준

 미디어 산업의 집적화를 통해 일자리 숫자가 증가하고 있는 DMC 권역은 가치가 낮았던 지역의 부동산 가치를 어떻게 끌어올릴 수 있는지를 보여주는 대표적인 사례가 되어가고 있습니다. DMC는 디지털미디어시티(Digital Media City)의 약자로써 서울 서북권의 관문인 상암지구에 569,925m²(약 17만 2천 평) 규모로 조성하고 있는 첨단 디지털미디어 엔터테인먼트(M&E) 클러스터입니다. 월드컵경기장과 월드컵공원, 친환경 주거단지(Eco Village) 등과 함께 서울 서북부의 새로운 성장동력이 되어가고 있는 디지털미디어시티(DMC)는 인접 주변 저평가 부동산에 커다란 활력을 제공해줄 것으로 보입니다.

 현재 이 디지털미디어시티(DMC)에는 서울 드와이트 외국인학교, 서울 일본인학교, 우리금융 상암 센터, 삼성 SDS 상암 IT센터, 사보이시티 DMC, 트루텍빌딩, 전자회관, LG U+ 상암DMC 사옥, MBC 신사옥, 디지털매직스페이스, 서울산업진흥원, KGIT센터, 정보통신산업진흥

출처 : 네이버 지도

원, SBS프리즘타워, YTN뉴스스퀘어, 동아 디지털미디어센터, CJ E&M 센터, 중앙미디어네트워크 신사옥, KBS미디어센터, 팬택계열 R&D센터, 롯데쇼핑 등이 이미 자리하거나 자리할 예정에 있습니다.

현재 디지털미디어시티(DMC) 안에는 미디어컨텐츠 계열 종사자 36,289명, IT&SW계열 종사자 17,262명 등 총 5만3000여 명이 근무를 하고 있습니다. 더욱이 이 숫자는 점차 증가할 것입니다. 이러한 일자리의 증가는 자연스럽게 인근 주거 부동산 가격에 영향을 미칠 수밖에 없습니다. 더 나아가 6호선과 경의중앙선을 통해 접근이 용이한 인근 수색역 일대와 서대문구, 은평구 지역의 부동산까지 선호도 증가 효과를 보이게 할 것입니다.

이러한 디지털미디어시티(DMC) 개발 사업의 마침표는 상암동 랜드마

| DMC 입주 현황 |

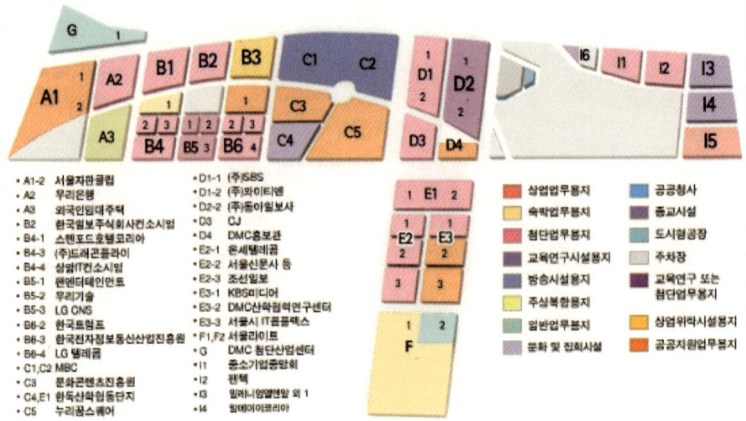

크 빌딩이라고 볼 수 있는데요. 여러 소송들로 인해 장기간 사업이 지연되고 있습니다. 하지만, 서울시가 이러한 랜드마크 부지의 직접 개발을 검토하고 있습니다. 사업의 진행 여부와 대략적인 윤곽이 2016년 말까지 정리가 될 예정에 있습니다. 어떠한 결과로 이어질지에 따라 해당 권역의 부동산에도 영향을 줄 것으로 보이고요. 일단 랜드마크 빌딩이 어떠한 형태로든 진행이 된다면 해당 지역 새로운 시세 형성의 모멘텀이 될 것입니다.

더욱이 대표적인 저평가 지역 중의 한 곳인 은평구의 경우 GTX 연신내역과 신분당선 서북부 연장의 수혜 또한 예상되는 지역입니다. 신분당선 연장선과 GTX노선 모두 서울의 강북 도심지역과 강남까지 바로 연결되는 핵심 노선들입니다. 최근 삼송지역이 급등했는데요. 가장 중

| GTX 노선과 신분당선 연장선 |

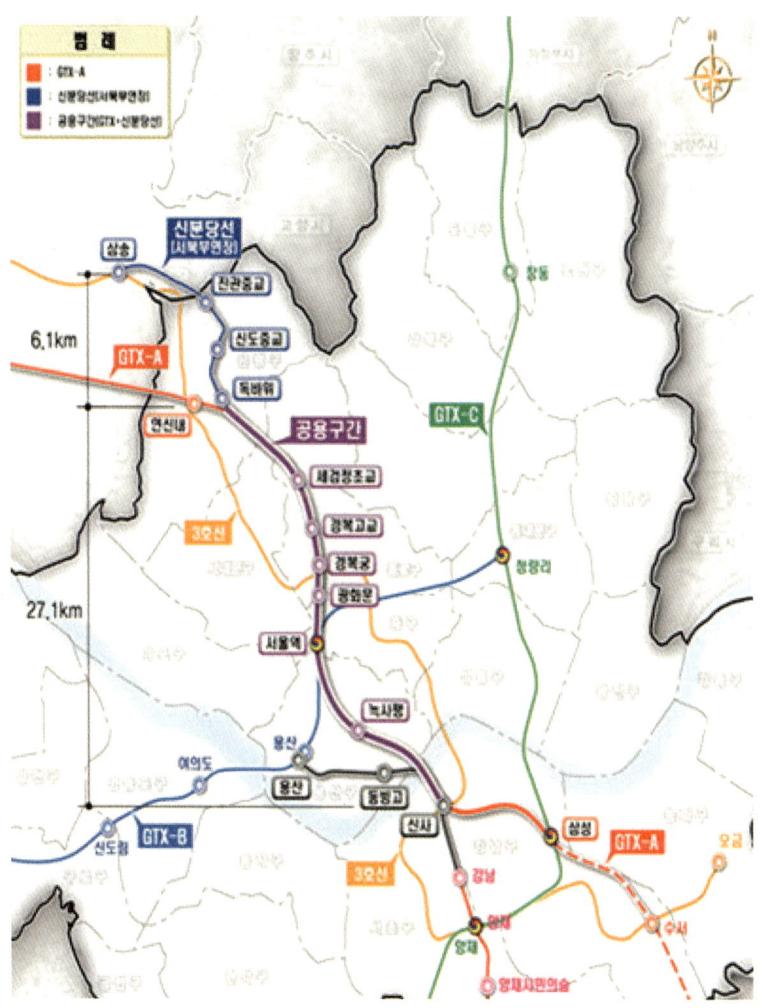

요한 이유 중의 하나가 신분당선 연장 때문입니다. 주거지의 질적 향상을 위해서는 대형병원과 대형 쇼핑시설은 점차 필수가 되어가고 있는데요. 은평구의 취약점이 위의 두 가지인데 2016년 12월 롯데몰 준공과

2018년 가톨릭병원 개원으로 주거지로서의 질적 향상이 이루어질 것으로 보입니다. 더욱이 은평구 구도심은 역시나 이번 부동산 사이클의 핵심인 도심정비 사업이 대부분의 지역에서 진행 중이기에 은평뉴타운과 구도심이 함께 시너지를 보이며 성장할 수 있을 것입니다.

: 새롭게 확장되는 동남권의 중심지 송파구 :

| 송파구 m^2당 매매와 전세 시세 |

(단위 : 만 원)

구분	2013년	2014년	2015년	2016년	4년간 상승률
매매	654	678	708	729	11%
전세	358	390	452	475	33%
전세가율	55%	58%	64%	65%	10%

* 연도별 9월 첫주 KB시세 기준

송파구는 2000여 년 전부터 백제의 땅으로 서울의 역사가 시작된 곳입니다. 백제의 오랜(493년간) 수도였던 곳이지요. 그만큼 역사적으로 유서가 깊은 곳이고 풍수적으로도 좋은 자리입니다. 하지만 근대에 들어서 송파는 오랜 기간 서울의 끝자락으로 인식이 되어 강남 개발 초창기에도 소외를 받았습니다. 이러한 송파구가 현재와 같이 강남 3구의 한자리를 꿰찰 수 있었던 것은 1988년에 개최된 서울올림픽의 효과가 가장 컸습니다. 세계인의 관심을 한 몸에 받았고 당시에 개발된 문화, 스포츠,

관광관련 기반 시설들은 두고두고 송파구의 가치를 올리는데 일조를 하였습니다. 송파구에게 서울올림픽은 축복이었던 것이지요. 이런 송파를 더욱 빛나게 해준 것은 롯데그룹입니다. 오랜 기간 방치되어 있던 서울의 유일한 호수인 석촌호수 인근에 롯데백화점, 롯데월드, 롯데호텔 등을 건립하며 송파구 전체의 개발 압력을 높여 준 것이지요.

뿐만 아니라 송파구는 2000년대 초반부터 석촌호수뿐만 아니라 관내의 성내천과 장지천 등의 생태복원 사업인 워터웨이 프로젝트를 진행하였습니다. 이 프로젝트를 통하여 구민들에게 많은 녹지와 수변 시설을 돌려주게 되었지요. 이러한 시설들은 결국 주거여건 개선으로 이어졌고

부동산 가격 상승에도 도움을 주고 있습니다. 이러한 정주여건 개선 작업을 통하여 송파구는 서울에서도 가장 살기 좋은 곳 중의 한 곳으로 발돋움하였습니다.

이러한 송파구에 롯데그룹의 새로운 선물이 기다리고 있습니다. 바로 잠실 롯데월드타워입니다. 잠실의 123층 롯데월드타워가 2016년 준공을 앞두고 있습니다. 우선 이 롯데월드타워에 대해서 좀 더 살펴보면 롯데월드타워 맨 저층부인 1~12층 '포디움(Podium)'에는 금융(은행, PB센터, 파이낸스센터), 헬스케어(스파, 피트니스, 건강검진센터, 에스테틱 클리닉), 여행서비스센터(여행상담센터) 등 복합서비스 시설 등이 들어섭니다. 14~38층은 업무전용 공간인 '프라임 오피스 공간'이고요. 76~101층에는 국내 최고 높이의 6성급 호텔이 들어서고, 108~114층은 개인 집무실, 그 위로는 전망대와 카페 등의 시설이 들어올 예정이라고 합니다.

특히 프라임 오피스 공간은 1개 층 전용면적이 3300㎡(1000여 평)로 초고속 통신망과 엘리베이터 등을 갖춰 롯데의 컨트롤타워인 정책본부를 비롯하여 롯데그룹 관련 주요 기업들이 잠실로 대거 이동할 것으로 보입니다. 송파구 중에서도 잠실은 명실상부 롯데타운으로 재편되는 상황이 되는 것이지요. 살기 좋은 정주여건에 대규모 일자리와 상권이 함께 자리를 잡아주니 부동산 가치가 상승할 가능성이 높아지는 것입니다. 또한 잠실 종합운동장 개발과 서울의료원 부지 개발 그리고 문정 복합 비즈니스센터 개발 등이 이루어지고 있어 송파권역의 입지는 더욱 강화될 것으로 보입니다.

과거 1990년대 강남구의 개발이 완료되며 주택 가격이 크게 변동하며 강남구의 위상이 달라졌듯이, 송파구 역시 현재 추진 중인 주요 개발 사업들이 진행되면 진행될수록 부동산 가치 상승이 예견됩니다. 특히나 현재 서울권역이 점차 팽창하여 강동구를 넘어 미사지구와 위례신도시까지 활발히 확장되고 있는데요. 이러한 개발의 중심지 역할을 송파구가 해줄 것으로 기대되고 있습니다.

송파구 내에서도 한강변을 끼고 있는 지역들이 유망합니다. 그리고 확실한 강남권으로 분류되는 잠실이 송파구 전체에서 가장 유망하고요. 사실 송파구는 잠실과 그 외 지역으로 나누어 볼 수도 있습니다. 송파구 내에서 잠실과 그 외 지역들의 편차는 국제교류복합지구의 개발 그리고 삼성동 개발, 한강변과의 거리 등을 고려한다면 상당기간 지속될 것으로 보입니다. 현재 주공 5단지가 재건축사업을 추진 중에 있는데요. 실제 사업이 종료되면 파급력이 상당할 것으로 보입니다. 잠실 엘스와 리센츠 단지들에 비해 상대적으로 신축 단지로 선보이기에 인근 지역의 수요를 끌어당길 단지가 될 것입니다.

1기 신도시와 주변 지역

: 1기 신도시의 가치는 재건축과 함께 부활한다 :

1기 신도시는 성남시 분당, 고양시 일산, 부천시 중동, 안양시 평촌, 군포시 산본 등 5개 도시를 말합니다. 1989년 4월 정부는 폭등하는 집값을 안정시키고 주택난을 해소하기 위해 서울 근교 5개의 1기 신도시 건설계획을 발표했습니다. 1991년부터 첫 입주를 시작하였고요. 현재는 총 117만 명이 거주하는 29만 2000가구의 대단위 주거 타운으로 자리를 잡았습니다. 1기 신도시의 건설로 1985년 69.8%까지 떨어졌던 주택보급률은 1991년에 74.2%까지 오르게 됩니다.

| 1기 신도시 개요 |

구분	전체	분당	일산	평촌	산본	중동
위치		성남시	고양시	안양시	군포시	부천시
면적(천㎡)	50,140	19,639	15,736	5,106	4,203	5,456
수용인구(만명)	116.8	39.0	27.6	16.8	16.8	16.6
인구밀도(인/ha) (총인구/총면적)	1,406	199	175	329	399	304
개발밀도(인/ha) (총인구/주거+상업용지)	3,231	489	425	795	844	678
주택건설(천호) (공동주택)	292 (281)	97.6 (94.6)	69 (63.1)	42 (41.4)	42 (41.4)	41.4 (40.5)
용적률(%)		184	169	204	205	226
도로건설(km) (노선수)	232.2 (37)	82.8 (11)	51.4 (7)	69.6 (3)	0 (6)	28.4 (10)
전철(km)	62	25.1	21.1	15.7		
최초입주		'91.9	'92.8	'92.3	'92.4	'93.2
사업기간		'89.8 ~'96.12	'90.3 ~'95.12	'89.8 ~'95.12	'89.8 ~'95.1	'90.2 ~'96.1
총사업비(천억원)	104.7	41.6	26.6	11.8	6.3	18.4
사업진행자		토지공사	토지공사	토지공사	주택공사	부천시 주택공사 토지공사

출처 : 국토교통부 '제1기 신도시 건설 안내'(2015.10.27)

1기 신도시들은 1991년부터 1996년 사이에 집중적으로 입주를 하게 되었는데요. 총 주택수 29만 2천 호가 단기간에 공급이 되었습니다. 이러한 신도시는 처음으로 시도되는 사업이었고, 동시다발적인 입주는 집값 안정에 커다란 도움을 주었습니다. 하지만 이러한 동시다발적인 입주는 결국 부메랑이 되어서 머지않아 우리 앞에 다시 날아올 것입니다. 무슨 말이냐 하면 2015년 도시정비법 개정안으로 인하여 재건축 연한이 30년으로 단축되었는데, 이제 이 1기 신도시들이 2021년부터 도시정비사업에 해당된다는 이야기입니다.

이 이야기가 중요한 이유는 동시다발적인 입주가 집값 안정화에 도움을 주었다는 걸 역으로 생각하면 쉽습니다. 즉 이제 2021년부터 동시다발적으로 재건축을 진행할 수 있기에 많은 멸실 주택들이 2021년부터 1기 신도시에서 발생하게 될 거란 말입니다. 더욱이 현재 1기 신도시 입주자들은 대체로 소득이 일정 수준 이상이고 좋은 입지의 중형 규모의 아파트에 거주하던 수요입니다. 이들이 동시에 대거 1기 신도시 인근 지역들로 이주를 하게 된다면, 결국 이주 지역들의 중위가격 주택들을 놓고 기존 입주자들과 경쟁구도를 형성하게 될 것입니다.

최근 2015년과 2016년 공급 과잉으로 2018년 이후의 부동산 시장이 침체기에 빠질 거라는 이야기가 많이 있습니다. 가능성이 아예 없는 이야기는 아닙니다. 하지만 앞서도 말씀드렸지만 2018년에 입주 물량이 늘어도 부동산이 침체에 빠지려면 경기변동 사이클인 금리도 사이클상 고점 부근에 있어 자금 조달비용(이자)이 상승해야 확실한 부동산 침체기가 될 것입니다. 만약에 침체기가 온다면 그 다음의 회복기는 언제가 될까요? 2021년 이후 1기 신도시들이 재건축에 들어가기 시작하여 대규모 멸실 주택들을 양산해내는 시기가 다시 수도권 부동산이 재상승하는 중요한 계기가 될 가능성이 높습니다.

그렇다면 2021년에는 1기 신도시만 오를까요?

그렇지는 않을 것입니다. 1기 신도시들이 입주를 마무리한 1996년에서 10여 년이 흐른 2006년에 1기 신도시들이 완숙기로 자리를 잡고 커다란 가격 상승을 보여줬었는데요. **2기 신도시들의 입주가 주로 2016~2018년 사이에 이루어지니까 2기 신도시가 안정적으로 자리를 잡는 완숙기는 2025년 이후가 될 가능성이 높습니다.** 더욱이 1기 신도시의 멸실 주택으로 새로운 주거지를 찾을 때 2기 신도시들이 가장 적합한 대안으로 자리매김할 가능성이 높겠지요. 두 시기가 맞물리는 시점은 2025년경이 될 가능성이 높습니다. 2018년 이후 잠시 침체기를 맞이하더라도 대한민국 수도권 부동산의 절정기는 다음 사이클인 2025년경이 될 가능성이 높을 것입니다.

이때 1기 신도시의 재건축은 재건축대로 호재를 맞이할 것이고, 완숙기로 접어들며 1기 신도시의 이주자들까지 맞아야 하는 2기 신도시는 2기 신도시대로 상승 동력이 강해지는 것이지요. 부동산 시세 상승은 이제 끝났다고 이야기하는 사람들은 2009년 이후부터 수도 없이 많았습니다. 하지만 이미 2014년 이후 현재까지 수도권 부동산들은 시세 상승을 하였습니다. 서울시 부동산 가격도 전 고점을 이미 돌파하였고요. 그러니 최근에는 이번이 부동산 시세 상승의 마지막이라고 합니다. 하지만 위의 상황들을 감안하고 세대수 감소가 2030년 이후에나 가능하다는 사실을 생각해 보면, 2025년경 즉 다음 부동산 사이클까지 수도권 부동산 시세 상승은 충분히 가능한 일입니다. 2019~2020년에 침체기가 올 수도 있습니다. 하지만 지난번 금융위기 직전의 전 고점을 현재 넘어서고 있듯이 2025 ~2029년 사이가 대한민국 수도권 부동산의 새로운 클라이막스가 될 가능성이 높습니다.

1기 신도시의 재건축이 마무리되는 시점과 2기 신도시의 노후화가 시작되는 시점이 공교롭게 비슷한 시기에 맞물릴 가능성이 높습니다. 2030년 이후가 되겠지요. 이 시기 이후에는 당연히 1기 신도시가 가장 선호도가 높아질 것입니다.

2기 신도시가 노후화되는 2035년 이후에 2기 신도시들이 살아남기 위해서는 사실 정부의 정책적 지원이 필요할 것입니다. 현재의 기준으로만 본다면 대한민국 부동산의 가장 중요한 요소인 '헌집 줄게 새집 다오.'가 더 이상 어려울 수 있으니까요.

다만 서울은 번외의 이야기입니다. 서울이니까요. 서울은 1대1 재건축 성공 가능성이 가장 높은 지역이니까요. 하지만 그 외 지역에서 1대1 재건축이 가능할지 안할지는 현재로서는 정확히 알기 어렵습니다.

1기 신도시 현황 표(가구수, 첫입주, 종료)					
지역	가구수	첫입주	종료	입주기간 (91년~96년)	재건축 가능 연한 (21년~26년)
분당	97,600	91년	96년	91~96	21~26
일산	69,000	92년	95년	92~95	22~25
평촌	42,000	92년	95년	92~95	22~25
산본	42,000	92년	95년	92~95	22~25
중동	41,400	93년	96년	93~96	23~26
합계	292,000				

 1기 신도시 재건축 가능 연한과 2기 신도시 입주기간의 내용들은 수도권 장기 투자를 위해서는 반드시 숙지하고 있어야 하는 사항입니다.

2기 신도시 현황 표(가구수, 첫입주, 종료)				
지역	가구수	첫입주	종료	입주기간 (07년~21년)
동탄1	41,300	07년	17년	07~17
동탄2	115,600	15년	18년	15~18
판교	29,300	08년	16년	08~16
위례	43,800	13년	17년	13~17
광교	31,100	11년	17년	11~17
한강	61,300	11년	16년	11~16
파주	87,300	09년	17년	09~17
검단	70,800	19년	21년	19~21
평택	56,700	19년	21년	19~21
양주	61,800	14년	18년	14~18
합계	599,000			

* 해당 수치는 차이가 있을 수 있습니다.

: 신도시의 대장 성남시 분당 & 판교 :

| 성남시 m²당 매매와 전세 시세 |

(단위 : 만 원)

구분	2013년	2014년	2015년	2016년	4년간 상승률
매매	423	434	460	484	14%
전세	263	301	345	371	41%
전세가율	62%	69%	75%	77%	14%

* 연도별 9월 첫주 KB시세 기준

분당은 천당아래 분당이라고 불릴 정도로 정주여건이 좋은 지역 중의 하나로 서울 도심에서는 동남쪽으로 25km, 강남권에서는 15km 떨어진 곳에 위치해 있습니다. 1기 신도시 중에 가장 큰 규모인 19.6km² 면적에 9만 7000여 호의 주택이 자리하고 있고요. 앞의 표를 보면 알겠지만 인구밀도가 일산 다음으로 낮은 199명으로 여타의 신도시들보다 좋습니다. 쾌적한 교외형 주거지를 형성하고 있는 것이지요. 그렇다면 인구밀도가 가장 낮은 일산이 더 비싸야 하는 것 아니냐고 생각하는 사람들도 있겠지만 분당은 강남 사람들이 주로 사주었습니다. 강남에서 가장 가까운 신도시였으니까요.

1기 신도시들은 서울의 수요를 분산 수용하기 위해 지어졌는데요. 분당은 주로 강남권의 포화 상태를 해결해 주는 역할을 했던 것입니다. 더욱이 치밀한 계획에 의해 개발된 도시는 1기 신도시가 처음이었기에 신도시가 자리를 잡아 갈수록 사람들의 선호도가 높아졌지요. 그 중에서 당연히 강남의 배후지였던 분당이 신도시의 맏형 노릇을 하며 가장 높은 시세를 형성하였고, 부동산 활황기와 신도시의 완숙기가 맞물리며 2006년 절정을 이루었습니다. 하지만 '화무십일홍'이라고 했던가요? 맏형인 분당도 대형 평형을 중심으로 부동산 침체기와 신도시의 노후화가 맞물리며 바로 옆 같은 분당구의 판교신도시에 가장 비싼(?) 신도시의 자리를 내어줍니다.

하지만 결국 판교신도시도 분당구이고 분당은 여전히 살기 좋은 대표 신도시입니다. 잘 계획된 도시 판교테크노밸리와 합쳐져 많은 일자리, 그리고 좋은 학군을 가지고 있습니다. 경기지역 중학교 국가수준 학업성취도 평가 TOP30에 판교와 분당을 합친 분당구에서만 17개의 학

출처 : 두산백과

교가 나왔습니다. 더욱이 분당과 판교는 대한민국의 척추 역할을 담당하고 있는 경부고속도로까지 끼고 있지요. 좋은 학군과 많은 일자리, 한강은 못 끼고 있지만 탄천이 있고 대형병원도 2개나 있는 분당과 판교는 주거지로서 완벽한 모습을 갖추고 있습니다. 분당의 도심 재생사업이 본격적으로 진행된다면 과거의 영광을 충분히 찾을 것으로 보입니다.

- 서울 3대 도심과의 대략적인 직선거리 : 강남도심 15km, 한양도심 25km, 영등포·여의도 도심 24km
- 주요 의료 시설 : 분당 서울대학교병원, 분당 차병원, 동국대학교 분당한방병원 등
- 교통망 : 분당선, 신분당선, GTX A노선 예정(판교역)
- M버스

  M4102 : 미금역 → 정자역 → 서현역 → 이매촌한신 → 서울백병원 → 종로2가사거리 → 을지로 입구역 → 북창동, 남대문시장 → 숭례문

: 가성비 좋은 고양시 일산 & 삼송 :

| 고양시 m²당 매매와 전세 시세 |

(단위 : 만 원)

구분	2013년	2014년	2015년	2016년	4년간 상승률
매매	255	263	285	301	18%
전세	163	186	224	249	52%
전세가율	64%	71%	79%	83%	19%

* 연도별 9월 첫주 KB시세 기준

고양시는 최근 4년간 매매가는 18% 전세가는 52% 올랐군요. 전세가율은 83%이고요. 매매가 대비 전세가가 많이 올랐다는 것은 결국 그만큼 일반 거주 수요가 탄탄하다는 이야기가 될 수도 있습니다. 고양시는 가장 많은 관심을 받고 있는 일산과 삼송 중심으로 이야기를 해볼까 합니다. 최근 분위기와 향후 예상되는 전망들입니다.

우선 고양시는 일산 이야기를 빼놓을 수 없습니다. 분당과 더불어 1기 신도시의 양대 산맥이었으니까요. 고양시를 모르는 사람은 있어도 일산을 모르는 사람은 거의 없을 것입니다. 이러한 일산 신도시의 면적은 분

| 고양시 도시개발 구상도 |

당보다 조금 작은 15.7km²에 수용인구 27.6만 명을 목표로 6만 9천 호의 주택을 1992년부터 1996년까지 집중적으로 공급하였습니다. 입주를 하고 신도시가 완숙기에 접어들기까지 분당과 비슷하게 10여 년 정도 필요했었고, 완숙기에 접어든 2000년대 중반에는 1기 신도시들과 함께 신도시 전성시대의 영광을 누렸습니다.

일산의 커다란 장점은 1기 신도시들 중에서도 가장 낮은 인구밀도(175명)와 개발밀도(425명)에 있습니다. 인구밀도만 놓고 본다면(분당 199, 일산 175, 평촌 329, 산본 399, 중동 304) 밀도뿐만 아니라 용적률도 169%로 가장 좋습니다(분당 184, 일산 169, 평촌 204, 산본 205, 중동 226). 전체적으로 밀도와 용적률이 높지 않았으니 쾌적한 주거환경을 만들기에 유리했던 것이지요. 추후 재건축시에도 중요한 변수가 될 수 있습니다.

그리고 일산 신도시에는 일산을 대표하는 명품공원인 호수공원이 있습니다. 이 일산 호수공원은 단순히 인근지역 주민만의 휴식 장소가 아닌 관광 명소가 될 만큼 유명세를 타고 있지요. 여러 신도시들 중에서도 훌륭한 호수공원을 가졌다는 것은 일산의 가장 큰 장점 중의 하나일 겁니다. 하지만 일산 아파트도 대형 평형을 중심으로 부동산 활황기와 신도시 완숙기가 일치했던 2000년대 중반의 절정기를 넘기며 하락세를 보였습니다. 더욱이 일산의 경우 주변에 많은 택지지구와 신도시들이 지정되며 일산의 수요층을 흡수해가기까지 했고요. 그럼에도 1992년 입주를 시작하고 24년이 지났지만 여전히 일산은 고양시를 대표하는 도시임에는 틀림이 없습니다.

일산에는 오마중으로 대표되는 주엽동 학군이 건재하고 학원가도 있기에 인근 신축 신도시로 이전했던 수요들이 학군 때문에 다시 일산으로 돌아오기도 하고 있습니다. 특히나 일산의 학군은 가성비가 뛰어나기로 유명합니다. 인근의 학군 수요를 언제든 흡수할 수 있는 가능성이 있는 것이지요. 일산은 하루아침에 완성된 도시가 아닙니다. 오랜 시간을 두고 개발이 진행된 도시였기에 백화점, 대형마트, 관공서, 상업시설, 편의시설, 놀이시설 등 모든 것이 갖춰져 있습니다. 언제든 다시 수요층을 불러 모을 수 있는 입지적 저력이 있는 것이지요. 하지만 시기적으로는 과거의 영광을 바로 실현하기는 어려울 수도 있습니다. 현재 주변 경쟁지역들은 대부분 10년 이내의 신축 단지들인 반면 일산신도시 아파트들의 연식은 20~25년 사이이기 때문입니다. 일산의 경우 아직 명확히 리모델링이나 재건축에 대한 방향성이 정해지지 않고 있습니다. 일산의 도심정비 사업이 어떻게 추진되는지 이 부분을 눈여겨봐야 할 것입니다.

단기적으로는 쟁쟁한 경쟁지들이 일산 주변에 너무 많기도 하고요. 주변의 한강신도시와 운정신도시 뿐만 아니라, 고양시 내에서도 삼송지구와 일산의 외곽이었던 킨텍스 인근 개발지역의 신축들과도 힘겨운 경쟁을 해야 하기 때문입니다. 게다가 고양시 내의 경쟁 상대인 삼송지구와 킨텍스 인근 개발지역은 신축이라는 장점 외에도 삼송지구는 신분당선을, 그리고 킨텍스는 GTX라는 신무기를 장착하려 하고 있습니다. 신분당선과 GTX 모두 메인 철도 라인이 될 수밖에 없습니다. 서울의 한양도심과 강남도심을 관통하기 때문이지요. 미래 철도노선 중에서도 대단히 중요한 황금노선들입니다.

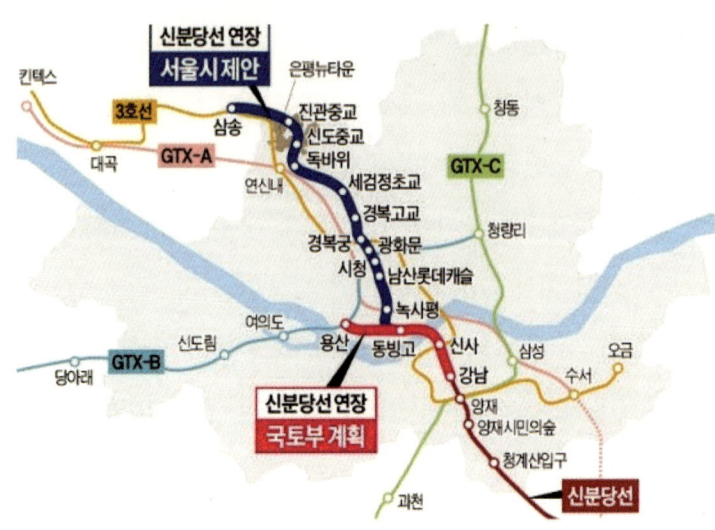

| 삼송지구의 신무기 신분당선 연장 |

| 킨텍스의 신무기 GTX |

출처 : 경기도

이뿐 만이 아닙니다. 추가로 삼송지구는 신세계스타필드, 대형 하나로 마트, 삼송테크노밸리, 인근 원흥지구의 이케아, 서울과의 근접성(구파발 역세권 개발은 삼송에도 호재) 등 선호도 상승을 유발할 강력한 에너지를 모으고 있습니다. 이러한 이유들로 대장 단지인 아이파크 2차의 경우 은평뉴타운을 넘어서 전용 84m²의 경우 6억 원대 후반의 매물이 최근에 보이기도 하고 있습니다.

킨텍스 인근도 이에 뒤지지 않습니다. 인근에 현대자동차 복합센터, 현대백화점, 원마운트, EBS통합사옥, 이마트트레이더스, 엠블호텔과 한류월드호텔, 한국국제전시장 KINTEX, 케이팝 전용 공연장, 디지털 콘텐츠 지원센터 등의 신무기들을 장착하였거나 앞으로 장착할 예정에 있습니다. 선호도가 점점 높아질 것이란 이야기입니다.

두 지역에 당분간 관심이 쏠릴 가능성이 높은 것이지요. 이제 원래의 일산신도시는 구도심이라고 불러야 할지도 모르겠네요. 그럼에도 이 기존의 일산신도시는 아파트들이 재건축 연한을 넘어가는 시점인 2022년 이후부터 2030년 사이에 다시 한 번 주목을 받을 가능성이 높습니다. 일산이라는 도시가 하루아침에 그리고 주먹구구식으로 지어진 도시가 아니기 때문입니다. 그러기 위해서는 우선 해당 지역의 도심정비 사업이 방향을 잡는 것이 중요하고요. 역설적으로 인근 신축들의 가격이 상승해 기존 일산신도시의 아파트들이 재건축되어 신축으로 재탄생했을 때의 사업성을 높여주어야 합니다. 기존 일산의 재고 주택들이 재건축 연한을 넘기는 2022년 이후에는 최근의 신축들이 완숙기에 들어설 가능성이 높은데요. 이러한 시기가 겹친다면 기존 일산은 일산대로, 최근에 지어진 삼송과 킨텍스 인근의 신축들은 신축대로 서로 상호 보완하며 가격대를 올릴 가능성이 커 보입니다. 하지만 기존 일산의 재건축들이 사업을 완료하고 본격적으로 입주를 하게 될 2030년 이후에는 자연스레 선호도는 다시 일산 구도심 쪽으로 높아질 가능성이 커질 테고요. 특히나 1기 신도시의 양대 축이었던 분당과 일산 그리고 그 인근의 2기 신도시들은 비슷한 양상으로 흘러갈 가능성이 높아 보입니다. 시기를 잘 맞춘 투자가 필요하다는 이야기입니다.

- 서울 3대 도심과의 대략적인 직선거리 : 강남도심 26km, 한양도심 16km, 영등포 · 여의도 도심 16km

  *고양시청 기준(고양시 내에서 지역별 편차 존재)

- 주요 의료 시설 : 일산 동국대병원, 국립암센터, 일산 백병원, 명지병원 등

- 교통망 : 3호선, 경의/중앙선, 신분당선(예정), GTX A노선(예정)

- M버스(광역버스)

  M7106 : 대화역 → 주엽역 → 강선마을 → 일산동구청 → 마두역 → 백석역 → 연세대앞 → 이대후문 → 광화문빌딩 → 신한은행본점 → 숭례문

  M7119 : 위시티 3,4단지 → 위시티입구 → 풍동상가단지 → 저동초교삼거리 → 일산동구청 → 마두역 → 연세대앞 → 이대후문 → 광화문빌딩 → 신한은행 본점 → 숭례문

  M7129 : 능곡초등학교 → 고양경찰서 → 행신초등학교 → 행신동 → 소만마을 → 서정마을 → 연세대앞 → 경복궁역 → 광화문빌딩 → 신한은행본점 → 숭례문

∶ 학군 좋은 안양시 평촌 ∶

| 안양시 m²당 매매와 전세 시세 |
(단위 : 만 원)

구분	2013년	2014년	2015년	2016년	4년간 상승률
매매	314	325	353	372	18%
전세	210	240	279	304	44%
전세가율	67%	74%	79%	82%	15%

* 연도별 9월 첫주 KB시세 기준

평촌은 서울 도심에서 남쪽으로 20km 떨어진 곳에 위치하고 있습니다. 평촌(坪村)은 순우리말 지명인 '벌말'을 한자화한 지명이라고 합니다. 벌말은 인덕원 남쪽의 '허허벌판'이라는 뜻인데요. 그렇습니다. 평촌은 안양시에 속해 있고요. 인덕원 남쪽의 평야지대를 개발하여 만든 신도시입니다.

　1기 신도시의 개발사는 앞에서 말했습니다. 일산과 분당은 서울에서 떨어진 곳을 개발한 반면 평촌은 안양시 내에 개발한 신도시입니다. 안양은 지리적으로도 서울과 매우 가깝고 주변의 위성도시들 중에서도 대표적으로 일자리가 많았던 지역이었지요. 이러한 이유로 사실 신도시들 중에서 평촌이 가장 먼저 자리를 잡았었습니다. 안양의 경우도 서울과 인접하고 일자리도 많았었기에 과거에는 서울의 위성도시 중에 가장 주택 가격이 높은 곳의 하나였는데요. 최근에는 다른 많은 도시들에 조금씩 순위에서 밀려나는 아픔(?)을 겪기도 했습니다.

일산의 경우 배후에 운정신도시와 한강신도시, 그리고 분당의 경우 판교와 동탄신도시 등이 자리하면서 일정 부분 수요를 내어주었는데요. 이러한 연유로 부동산 침체기에 가격의 등락이 좀 있었습니다. 반면에 상대적으로 직접 경쟁할 배후 신도시가 없었던 평촌의 경우는 가격 변화가 덜한 편입니다. 같은 이유로 주변에 2기 신도시가 없기 때문에 신축에 대한 열망이 더욱 큰 지역이기도 하고요. 그리고 평촌은 신도시 중에 가장 큰 학원가를 형성하고 있습니다. 더욱이 도시 한복판을 개발한 신도시이기 때문에 주변의 수요를 흡수할 충분한 지리적 이점을 가지고

출처 : 네이버 지도

있기도 하고요. 그래서 평촌 부동산 투자에 있어서 가장 중요한 2가지는 ① 신축에 대한 목마름과 ② 학군 수요입니다.

우선 신축에 대한 목마름의 단적인 예로 최근 입주한 평촌 더샵 센트럴시티를 보면 알 수 있습니다. 기존 평촌의 주택 시장은 평촌 안에서도 범계권과 비범계권으로 나눠져 있었고, 범계권이 학군과 학원가까지의 거리 등 상대적으로 입지가 우수하였기에 시세가 높았습니다. 하지만 최근 입주한 평촌 더샵 센트럴시티의 경우 비범계권인데도 주변과 상당한 격차를 보이며(분양가 대비 많이 상승) 대장 단지로 등극하였습니다.

평촌 더샵 센트럴시티의 경우 평촌 스마트 스퀘어 안의 단지이기 때문에 일자리 수요가 많아서 시세가 높게 형성된 이유도 있겠지만 가장 큰 원인은 바로 신축이기 때문입니다. 그만큼 평촌은 신축에 대해 목말라있습니다. 이러한 현상은 평촌이 리모델링과 재건축을 시작하게 되면 다른 1기 신도시에 비해 상대적으로 장점으로 작용할 수 있습니다. 최근 몇 년간 가격 변동 없이 지지부진했던 모습을 털어내고 새로운 성장동력을 얻게 되는 것이지요. 현재도 목련단지를 중심으로 리모델링을 준비 중인데요. 리모델링으로 방향을 잡든 2022년 이후 재건축으로 방향을 잡든 '헌집 줄게 새집 다오.'의 방향성만 잡힌다면 현재도 주거의 만족도가 대단히 높은 지역이지만 더욱 만족도 높고 선호도 유발이 강해지는 도시가 될 것입니다.

그리고 다음은 평촌의 학군인데요. 평촌에는 좋은 중학교들이 많이 있습니다. 하지만 이것보다 중요한 학군 수요 유발 요인은 평촌에 자리한

출처 : 네이버 지도

대형 학원가입니다.

평촌 학원가는 외곽순환도로 평촌IC 인근에 위치하고 있는데요. 인접한 지역들뿐만 아니라 외곽순환도로로 연결된 이웃 도시의 학생들도 평촌학원가로 유입시키는데 중요한 역할을 하고 있습니다.

앞에서 말한 평촌권역의 신축에 대한 목마름과 학군에 대한 관심을 잘 반영한 단지가 있는데요. 바로 호계동 재건축 아파트인 평촌 더샵 아이파크의 분양입니다. 신축과 평촌 학원가와의 접근성을 강조하며 최근 분양에서 1순위 통장을 8,706개나 나오게 하여 최고 경쟁률 235대1, 평균 경쟁률 36대1을 기록하였습니다. 이러한 경쟁률이 나오면 분양권에는 자연스레 프리미엄이 붙게 되겠지요.

결국 평촌도 2022년 이후 용적률 인센티브를 받기 위해 뉴스테이와 결합한 재건축 단지들이 많이 등장할 것으로 예상되는데요. 도심정비가 순조롭게 이어진다면 선호도가 다시 대단히 높아지게 될 수 있습니다. 그리고 앞에서 말한 것처럼 '벌말' 즉 인덕원 남쪽의 평지인 평촌은 추후 예정되어 있는 인덕원 개발과 현재 진행 중인 과천 도심정비 사업의 수혜 또한 받을 것으로 보입니다.

- 서울 3대 도심과의 대략적인 직선거리 : 강남도심 13km, 한양도심 20km, 영등포·여의도 도심 15km
- 주요 의료 시설 : 한림대병원
- 교통망 : 지하철 4호선, 월판선(예정), 인덕원-수원복선전철(예정)
- M버스(광역버스) : 평촌 → 잠실(예정)

2기 신도시와 기타 지역

: 앞으로 10여 년간 2기 신도시의 선호도는 지속된다 :

김대중 정부는 부동산 시장에 존재하는 대부분의 규제를 없앴습니다. 경기 회복과 함께 자연스럽게 부동산 시장은 달궈지기 시작했고요. 이에 노무현 정부 들어 집값 급등을 막기 위한 강력한 규제책들이 나오고, 더불어 공급 정책까지 병행하게 되었습니다. 이러한 배경으로 2003년 경기도 김포, 파주, 동탄, 판교, 양주, 위례, 운정 등에 대규모 주택을 공급하면서 수도권 2기 신도시 사업이 시작됩니다. 1기 신도시(분당, 일산 등)가 주로 서울 도심 반경 20km에 위치하고 있는 반면, 2기 신도시는 도심 반경 20km 이내의 위례, 판교와 미사, 20km 밖의 신도시들이 함께 존재합니다. 상대적으로 20km 이내의 2기 신도시들은 기존 1기 신도시들과 입지적 측면과 신축 단지라는 장점들을 내세워 많은 인기를 끌고 있습니다.

그 외 20km 밖의 2기 신도시들도 최근 부동산 경기 상승과 함께 다시 주목을 받고 있고요. 이러한 2기 신도시들의 입주는 주로 2011~2017년 사이에 많이 몰려 있습니다. 보통 신도시가 형성되고 교육시설, 편의시설 등이 온전히 자리 잡기 위해서는 10여 년 정도의 시간을 필요로 하는데요. 이 말은 결국 현재의 2기 신도시들이 앞으로 10년 동안은 도시가 자리 잡아 감에 따라 더 많은 선호도를 유발할 가능성이 높다는 것입니다. 이번 부동산 상승 사이클에 실수요나 투자로 가장 인기를 끌 가능성이 높은 지역들입니다.

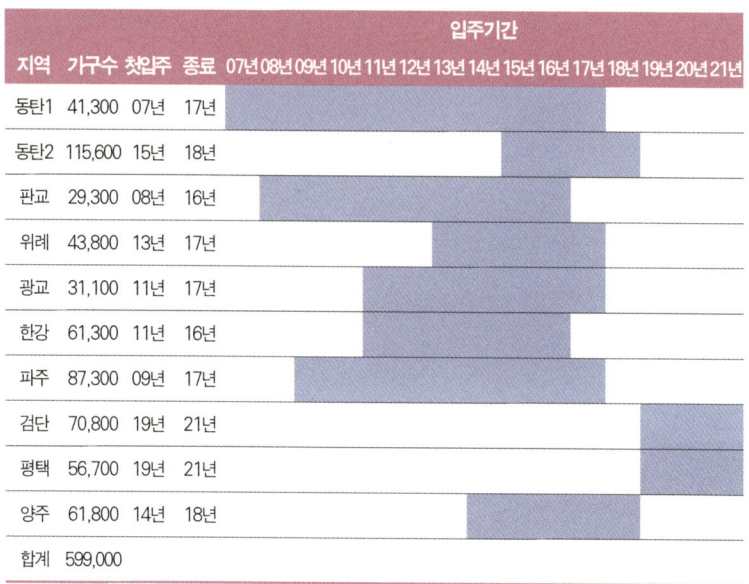

| 2기 신도시 현황 표(가구수, 첫입주, 종료) |

* 해당 수치는 차이가 있을 수 있습니다.

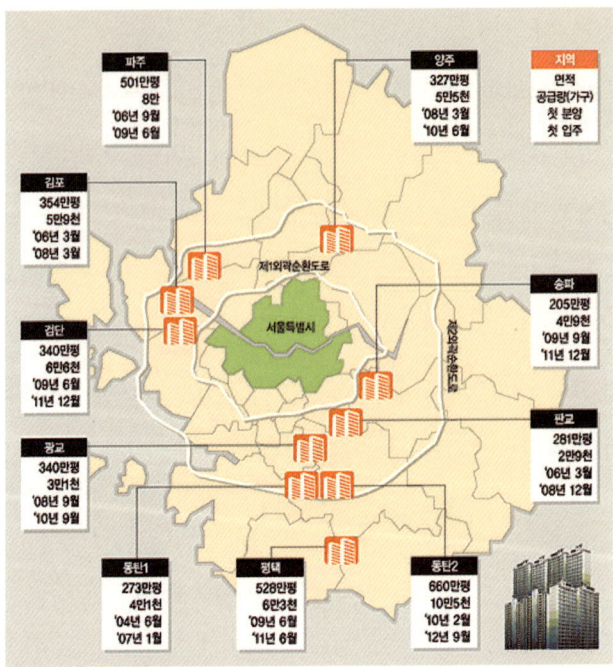

| 수도권 신도시 분양 현황 |

: 가격이 메리트인 김포 한강신도시 :

주식투자를 하다 보면 장기간 시장에서 소외되어 있는 주식들이 있는데요. 이러한 주식들 중에서도 실제 기업 본연의 가치가 높은 주식들은 결국 시간이 지나면서 본연의 가치에 수렴하기 위하여 가격상승을 하는 경우를 많이 보게 됩니다. 본연의 가치를 상실하지 않았다면 일시적으로 왜곡된 가격은 결국 제자리를 찾아가는 것이지요.

김포는 그 자체의 본질적 가치는 높기에 시간이 지나면서 결국 본연의

| 김포시 m² 당 매매와 전세 시세 |

(단위 : 만 원)

구분	2013년	2014년	2015년	2016년	4년간 상승률
매매	207	217	255	263	27%
전세	121	139	183	200	65%
전세가율	58%	64%	72%	76%	18%

* 연도별 9월 첫주 KB시세 기준

가치를 인정받게 될 가능성이 큰 곳입니다. 김포는 이름부터가 金浦, 즉 금이 나오는 포구, 금이 흐르는 포구라는 뜻에서 알 수 있듯이 한강 중상류와 지류에서 토사가 운반되어 형성된 평탄하고 광활한 경기 유수의 곡창지대였습니다. 부자가 많이 나올 지역이었던 것이지요. 김포 쌀은 과거부터 임금님 진상 쌀로도 유명하였고요. 비옥하고 광활한 평지와 한강을 끼고 있어 풍부한 수량 등 예로부터 경인 지역에서 가장 살기 좋은 곳 중의 하나였습니다. 이렇게 몇백 년간 좋은 주거지이자 부촌이었던 김포의 가치가 제대로 인정을 받지 못한 가장 큰 이유는, 남북 분단으로 접경지역이 되었다는 점과 워낙에 과거부터 농사짓기 좋은 땅들이었기에 다른 곳들에 비해 상대적으로 산업의 발달이 뒤져서일 듯합니다. 하지만 김포라는 땅이 가진 가치는 장기적으로 본연의 가치를 수렴하게 될 것입니다.

한강신도시는 국내 최초로 수로도시 컨셉을 모토로 총연장 16km²에 이르는 수로와 실개천, 호수공원, 그리고 한강변 60만m²에 조류생태공

원을 조성하였습니다. 주거시설과 여가공간을 합하여 총 108만m²에 15만 명을 수용하는 대규모 신도시로 약 5만 9,000여 가구 공급을 목표로 개발된 신도시입니다.

부동산 경기가 나쁘지 않았던 시기에 신도시로 지정되었고 인근의 검단 1, 2 지구와 연결되면 초대형 신도시로 성장할 가능성이 높았던 지역이었기에 사업 초기에는 주변 시세를 들썩이게 할 만큼 좋은 입지의 신도시였습니다. 하지만 부동산이 침체기에 들어간 2010~2013년에 많은 분양이 이루어졌고, 이는 결국 미분양 증가로 연결되었습니다. 더욱이 검단신도시가 장기간 표류하는 악재까지 추가가 되었고요. 그리고 처음 도시 계획 때부터 예정되어 있던 도시철도가 9호선 연장이니 지상철 건설이니, 다시 지하철 건설이니, 중전철 건설이니 오랜 시간 계획 변경으로 시간을 허비하다 결국 지하 경전철로 확정이 되어 현재 건설 중에 있습니다. 그리고 2기 신도시들 중에서도 특히 인근에 배후 수요 역할을 할 만한 앵커시설이 없는 곳에 지어진 도시였기에 현재까지 상승의 열매가 살짝 비껴 지나가 있었습니다.

한강신도시의 경우 A, B, C지구 이렇게 3개의 지구로 개발이 되고 있는데요. 우선 서울과의 진출입이 빠르고 한강변 조류생태공원과 맞닿아 있는 A지구가 있습니다. A지구의 경우 한강신도시 안에서 분양가 대비 그나마 가장 많이 오른 지역입니다. 한강신도시 중심에 위치하고 가장 먼저 개발을 시작하여 시범지구와 같은 역할을 하였던 B지구들은 간신히 분양가를 회복한 모습이고요. 그리고 E마트 등이 위치하고 중심 상가 역할을 하게 될 C지구 이렇게 나눠져 있습니다. 현재 상승장에서 조금 비껴 있는 한강신도시도 시간이 점차 흐르면 긍정적인 호재로 작용할 요소들이 다수 존재합니다. 우선 광역도로망의 경우 한강로가 이미 개통이 되어 있어 서울과의 접근성이 과거 48번 국도만 사용할 때와 비교해 많이 개선이 되었고요. 철도망은 현재 2018년 정식 운행을 목표로 김포의 첫 번째 도시철도가 건설 중에 있습니다.

그리고 제2외곽순환도로가 건설 중이며 조만간 김포-인천 구간은 준공될 예정이기에 인천과의 접근성 또한 개선될 것입니다. 그 외에도 여러 가지 장점들이 있지만 현재로써 가장 큰 메리트는 타 신도시 대비 낮은 가격대일 겁니다. 역설적으로 한동안 인기를 끌지 못해서 미분양이 남아 있고 이는 결국 신규 분양가와 기존 주택의 가격대를 눌러주었기에 점차 투자성이 좋아지고 있는 것이지요. 하지만 저렴한 가격대가 메리트로 부각이 되더라도 가격만 보고 단순히 투자를 진행해서는 안 될 것입니다. 너무 오랜 시간이 소요되면 이번 상승 사이클의 혜택을 제대로 받지 못할 수도 있으니까요. 앞으로 한강신도시의 실수요나 투자에 관심이 있는 사람이라면 이러한 가격적 메리트 외에 반드시 확인하고 챙겨봐야 할 요소들이 있는데요. 이 부분을 잘 관찰해서 포인트와 시기를 잘 잡아낸다면 부동산 투자에 실패할 확률을 많이 줄일 수 있을 것입니다. 중요한 요소는 아래 3가지입니다.

1. 미분양 추이
2. 도시철도 준공
3. 마곡의 배후도시로서의 역할

우선 1번의 미분양 추이는 2015년 12월 2708세대, 2016년 6월 1157세대, 2016년 7월 935세대로 작년 12월 이후 지속적으로 감소하는 모습을 보이고 있습니다. 더욱이 지난 8.25 가계부채관리 대책 발표 당시 정부는 미분양 지역 관리(신규 분양 조절)에 대한 의지를 보여 주었는데요. 해당 정책이 온전히 진행된다면 미분양 물건이 남아 있는 한강신도시의 신규 분양은 사업 진행이 연기될 수 있습니다. 이 사이 남은 미분양이 정리된다면 한동안 미분양 걱정에서 벗어날 수 있게 되는 것이지요. 김포의 미분양 세대가 500세대 이하로 떨어진다면 전체적으로 시장이 안정되고 조금씩이라도 상승이 시작될 수 있는 여건이 형성된다고 보아도 무방할 것입니다. 재미난 점은 미분양 물량이 개선되는 상황에서 2018년 말에는 도시철도가 운행에 들어갈 예정인데요. 부동산 투자 수요가 유입된다면 도시철도 운행 직후에 정리하고자 하는 욕구가 강할 것이기에 그 전에 투자 수요가 유입될 가능성이 있습니다. 이러한 투자 수요 외에 실제 실수요 유입의 가능성도 점차 커지고 있는데요. 이는 일자리 증가에 기인합니다. 김포 자체의 산단들도 형성 중이지만, 서부지역 핵심 산단인 마곡산단의 기업체 입주가 2017~2019년 사이에 본격적으로 이루어지기 때문입니다. 현재는 마곡도 주로 건설 현장들이지만 2017년부터는 기업체들이 입주를 하고, 실수요자들도 자산 정도에 따라 자산이 충분한 사람들은 마곡과 목동일대 그리고 이 지역의 주거비가 부담되는 사람들은 인근의 인천시와 김포시로 유입될 가능성이 높습니다. 결국 신도시로서의 어수선함도 많이 정리되고 미분양도 개선되고 도시철도 개통과 일자리 수요가 늘어나는 2017~2019년 사이에 좋은 흐름을 보일 가능성이 높은 것이지요.

해당 지역의 미분양 추이를 눈여겨본다면, 투자시기를 정하는데 도움이 될 것입니다. 여기에 도시철도 개통과 마곡의 가격 상승과 기업체의 실제 입주들이 만나 시너지를 발현하면 한강신도시도 오랜 침체와 바닥을 벗어나 시세 상승을 위한 움직임을 시작할 수 있을 것입니다. 문제는 미리 선점할 것인가 아니면 확실한 방향성을 보고 진입할 것인가가 되겠지만요.

- 서울 3대 도심과의 대략적인 직선거리 : 강남도심 35km, 한양도심 27km, 영등포·여의도 도심 23km
- 주요 의료 시설 : 의료부지 존재(착공 미정)

- 교통망 : 김포 도시철도(2018년 운행 예정)
- M버스(광역버스)

    M6117 : 복합환승센터 → 뉴고려병원 → 초당마을 → 가현초등학교 → 수정마을(쌍용아파트) → 풍경마을 → 합정역 → 홍대입구역 → 신촌오거리 → 충정로역 → 서울역

    M6427 : 복합환승센터 → 힐스테이트/경남아너스빌 → 뉴고려병원 → 초당마을 → 반도유보라 2차 → 풍경마을 → 고속터미널 → 반포역 → 강남역

: 규모가 메리트인 화성 동탄신도시 :

| 화성시 m²당 매매와 전세 시세 |

(단위 : 만 원)

구분	2013년	2014년	2015년	2016년	4년간 상승률
매매	234	235	255	270	15%
전세	162	187	198	214	32%
전세가율	69%	80%	78%	79%	10%

* 연도별 9월 첫주 KB시세 기준

동탄신도시는 경기도 화성시에 조성중인 신도시입니다. 경부고속도로를 기준으로 동탄1 신도시(서동탄)와 동탄2신도시(동동탄)로 나눠지고요. 경부고속도로를 기준으로 서쪽은 동탄1 신도시(반송동, 석우동, 능동 지역)가 조성되었고, 동쪽은 동탄2신도시(영천동, 오산동, 청계동, 동탄면)가 조

성되고 있습니다. 강남, 분당, 판교, 광교를 잇는 경부축 연결선상에 위치하고 있는 신도시입니다. 여타의 신도시들이 기존 1기 신도시나 혹은 서울의 확장으로 인한 배후도시를 목표로 개발된 것과는 다르게 동탄신도시의 경우 수도권 과밀억제권역(주요 2기 신도시들까지 포함한)을 제외한 외곽에 거점도시 건설을 목표로 수도권 균형 발전을 유도하기 위하여 계획된 도시입니다. 즉 서울의 배후도시라기 보다는 수도권 남부 외곽 지역의 중간 핵심 지역 역할을 맡기 위해 개발된 도시인 거죠. 기존의

출처 : 경기도

1, 2기 신도시들과는 개발 방향에 조금 차이가 있습니다. 이러한 이유로 거리상으로는 기존 신도시들 중에서 서울 도심과 가장 먼 지역에 위치하고 있는데요. 그럼에도 불구하고 신도시 최대 규모의 택지로, 현재 주택 건설이 진행되고 있습니다. 바로 인근 지역의 수요 증진과 개발을 위한 거점 도시 개발이기 때문이지요.

동탄2지구에만 24,015천m²에 11만 6천 세대, 계획인구 28만 6천 명을 목표로 진행이 되고 있는데요. 신도시 개발 계획 중 최대 규모의 사업입니다. 동탄신도시의 경우 최대 규모라는 점 그리고 서울의 배후 수요를 노린 신도시가 아니라는 부분 때문에 실제 입주 후에 도시가 어떠한 형태로 성장해 나갈지는 사실 쉽사리 예측하기 어려운 부분이 있습니다. 인근의 수요를 얼마나 흡수해 내는지와 일자리의 수가 계획대로 진행되는지가 중요한 변수가 될 것입니다. 동탄신도시의 경우 거점 도시로서의 육성을 목표로 하기에 광역교통망이 체계적으로 계획되어 있습니다.

우선 대한민국 부동산 시장의 제 1번 도로인 경부고속도로 기흥·동탄 나들목이 신도시 북편에 연결되어 경부고속도로 진출입이 용이하고요. 또한 동탄 분기점을 통하여 수원문산 고속도로와 과천봉담 도시고속화도로로 직접 연결되어 있습니다. 그리고 수도권 제2순환고속도로(봉담동탄 고속도로) 북오산 나들목이 동탄1 신도시 남쪽에, 또한 용인서울고속도로 흥덕 나들목과 연결되는 지방도 영천 교차로가 동탄1, 2신도시 중앙에 위치하여 경부고속도로의 대체 도로로 서울 강남 진출에 용이합니다.

인근 오산시 외삼미동에 위치한 경부선 서동탄역을 통해 수도권 전철 1호선과 연계되고요, 수도권고속철도 수서역발 KTX가 현재 공사중입니다. 인덕원-동탄선 역시 2022년 이후에 개통될 예정이기도 하지요. 2022년 경부터 수도권고속철도를 통해 수서-동탄 GTX 또한 운행될 계획입니다. 이렇게 촘촘한 광역교통망들이 계획되어 있거나 현재 착공 중인 이유는 앞서도 말씀드렸듯이 수도권 도심과 수도권 외곽 도시의 중간에서 거점 도시로서의 역할을 담당하기 위함이겠지요. 그래서 동탄신도시의 투자 진행을 위해서는 서울권의 이주 수요 보다는 동탄신도시 인근 지역의 이주 수요에 대해 검토해보는 것이 중요합니다. 이 수요를 어떻게 흡수하느냐가 기존에 없던 새로운 형태의 대형 신도시의 탄생 여부를 판가름할 테니까요.

현재 시점에서는 동탄1지구 보다는 2지구 쪽으로 투자 수요들의 관심이 쏠리고 있습니다. 이유는 동탄2지구의 분양이 최근에 성황리에 이어지고 있다는 점도 있고, 경부고속도로를 두고 양쪽으로 위치하고 있지만 규모 면에서 많은 차이를 보여 2지구의 선호도가 좀 더 높기 때문일 것입니다.

워낙에 규모가 큰 신도시이기에 해당 신도시 안에서도 입지에 따라 가격 차이가 많이 날 수 있는 도시입니다. 이렇게 규모가 큰 신도시에서는 비용을 조금 더 들이더라도 가장 선호도가 높은 단지에 진입하는 것이 단기적으로도 장기적으로도 유리합니다. 결국 광역철도역과의 거리가 어느 정도이냐가 가장 중요한 입지 선정의 포인트가 될 것입니다. 입지가 떨어지는 곳을 가격만 저렴하다는 이유로 매수하는 것보다는 선호도가 높은 아파트가 투자하기에는 오히려 안전하다는 말입니다. 그리고 투자자들의 경우 입주가 몰리는 2017년과 2018년에 단기적으로 임대차(전세) 계약시 예상보다 많은 비용이 투입될 가능성도 있으니, 정확히 분양권 투자인지 아니면 임대를 주고 시세 차익을 계획하는 장기 투자인지를 정해 놓고 자금 계획을 세운 후에 접근하는 것이 좋을 것입니다.

- 서울 3대 도심과의 대략적인 직선거리 : 강남도심 36km, 한양도심 45km, 영등포·여의도 도심 42km

- 주요 의료 시설 : 의료부지 존재(착공 미정)

- 교통망 : 광역철도 GTX, KTX(예정), 인덕원-동탄선(예정)

- M버스(광역버스)

  M4108 : 월드반도 → 서해/쌍용마을 → 다은마을 → 메타폴리스 → 한빛마을 → 예당마을 → 서울백병원 → 을지로입구 → 신한은행본점 → 숭례문 → 서울버스환승센터

  M4403 : 월드반도 → 서해/쌍용마을 → 다은마을 → 메타폴리스 → 한빛마을 → 예당마을 → 신논현역 → 신분당선강남역 → 뱅뱅사거리 → 양재역 → 시민의숲

  M4130 : 의료시설부지 → 한화꿈에그린 → 동탄역/포스코 → GS자이 → 서울백병원 → 을지로입구 → 신한은행본점 → 숭례문 → 서울버스환승센터

∶ 대한민국 대표 경제자유구역 송도국제도시 ∶

| 연수구 m²당 매매와 전세 시세 |

(단위 : 만 원)

구분	2013년	2014년	2015년	2016년	4년간 상승률
매매	233	242	282	296	27%
전세	138	166	213	231	67%
전세가율	59%	69%	76%	78%	19%

* 연도별 9월 첫주 KB시세 기준

송도국제도시는 김대중 정부 시절인 2002년 1월 우리나라를 동북아 경제 중심국가로 만들기 위해 국가의 지원과 민간 금융자본이 힘을 합쳐 추진한 경제자유구역 중 최대 프로젝트입니다. 동탄신도시와 유사하게 서울의 배후도시로서의 기능은 아닙니다. 거점 도시 역할을 하는 중간 핵의 도시개발 프로젝트입니다.

 동북아 최대 공항인 인천공항과 연계한 에어로폴리탄을 목표로 개발이 진행되고 있고요. 송도 신항, 크루즈항, 인천국제공항 등 기존 다른 신도시들과는 다른 규모와 특징의 인프라를 가지게 되는 도시로 개발이 되고 있습니다. 이러한 개발의 이점은 결국 돈이 모이는 결과로 나타나고 있는데요. 실제 경제자유구역 중에 외자 유치와 국내 자본의 민간투자 대부분이 송도로 집중되고 있습니다.

 인천에는 그동안 제대로 된 부촌이 형성되기가 어려웠습니다. 일단 서울과 인접해 있어 일정 부분 자산이 형성되면 서울로 수요를 많이 빼앗

| 지구별 외국인 투자 현황(2016.7.31. 현재) |

구분		합계	송도	영종	청라
FDI 신고액[1] (백만$)	개발사업	4,198.5	874.9	3,069.8	253.8
	서비스	1,486.4	1,483.0	0	3.4
	입주기업	2,560.4	1,717.2	377.2	466.0
	학교/연구소	60.2	20.2	40.0	0
	계[2]	8,305.5	4,095.3	3,487.0	723.2
총사업비 (억원)	개발사업	641,622	431,744	134,085	75,793
	서비스	42,243	26,043	700	15,500
	입주기업	94,678	75,458	17,700	1,520
	학교/연구소	1,193	723	470	-
	계[2]	779,736	533,968	152,955	92,813
계약체결 -건수	개발사업	13	6	3	4
	서비스	11	9	1	1
	입주기업	45	37	7	1
	학교/연구소	11	10	1	-
	계[2]	80	62	12	6
MOU체결 -건수	개발사업	2	1	1	-
	서비스	0	-	-	-
	입주기업	0	-	-	-
	학교/연구소	4	4	-	-
	계[2]	6	5	1	0

1) FDI신고액(Foreign Direct Investment) : 은행, KOTRA 등 관계기관에 신고된 외국인 직접투자금액
2) 소수점 이하 반올림으로 인해 합계에 차이가 있을 수 있음

긴 측면이 있는데요. 더욱이 이러한 현상은 좋은 학군 형성에 방해가 되었기에 좋지 않은 순환의 모습을 보였었는데요. 송도는 등장과 함께 인천광역시의 새로운 부촌으로의 모습을 갖춰가고 있습니다. 특히나 인천에 가장 필요한 부분인 좋은 학교들이 송도에 들어오고 있기에 부촌으로서의 입지를 더욱 강화해 나갈 것으로 보입니다.

추가로 2016년 8월 정부에서 경제자유구역 내의 순수 국내 자본 투자의 길을 열어주었는데요. 국내 기업들도 경제자유구역에 외국 자본과 동일한 혜택을 받고 투자를 진행할 수 있게 되었습니다. 조만간 송도 11공구의 개발 방향이 나올 텐데요. 국내 유수의 기업들의 유입이 현실화될 것 같습니다. 돈이 모이는 곳의 부동산 가치는 결국 오르게 되어 있습니다. 그 외 송도 부동산 투자와 관련해 중요한 몇 가지 내용을 더 살펴볼까요?

| 송도의 국제기구 |

녹색기후기금(GCF)의 경우 최근 중국과 미국이 파리협정 이행을 합의하면서 정상 궤도에 올라갈 수 있게 되었습니다. 이미 주요국들과 우리나라의 경우도 녹색기후기금에 공여를 약속하였습니다. 초기 지원금으로 미국 30억 달러 등 100억 달러가 모였고, 향후 2022년까지 1,000억 달러 규모의 자본금을 가지게 되는 세계은행에 버금가는 자본을 보유한 국제기구가 될 것입니다. 참고로 세계은행의 경우 전 세계에 걸쳐 퍼져 있지만 1만 명이 세계은행 직원으로 일하고 있습니다. 녹색기후기금 사무국에서 일하게 될 양질의 일자리가 앞으로 10여 년

간 지속적으로 늘어나게 될 것입니다.

| 송도의 일자리 |

현재 송도동에만 385개의 기업이 입주해 있습니다. 굵직한 주요 기업들로는 포스코 계열사들인 포스코 건설, 포스코 글로벌 R&D센터, 포스코 프랜택, 포스코 엔지니어링, 대우 인터내셔널, 포스코 A&C 등에서 5,000여 명이 근무 중이며, 셀트리온, 삼성바이오로직스, 삼성바이오에피스, 만도헬라일렉트로닉스, 시스코, 현대프리미엄아울렛 송도 등이 입주를 해 있는 상태입니다. 따라서 송도의 일자리는 엠코코리아 K5사업장의 가동, 삼성바이오 기업들의 상장과 3공장 준공, 형지그룹의 본사 이전 등과 맞물려 앞으로 지속적으로 증가 추세를 보이게 될 것입니다.

| 송도의 학군 |

수도권 내에서 인천지역이 서울과 경기권에 가장 밀렸던 부분이 학군이었습니다. 송도동 내의 초등학교와 중학교들의 학업성취도가 전방위적으로 급격하게 올라가고 있습니다. 좋은 중학교들이 늘어나고 있다는 이야기지요. 결국 인천 거주의 학군 수요는 송도를 선택하게 될 것입니다. 단기적으로는 인천지역의 학군 수요를 흡수하는 것이 중요한 선호도 유인 요소가 될 것입니다.

학군 수요에서 가장 중요한 중학교의 경우 인천지역에서 2014년 전국 학업성취도 100위 안에 두학교를 명단에 올리게 되었는데요. 송도동의 신송중학교와 해송중학교였습니다. 특히나 해송중학교의 경우 좋은 중학교 중의 하나로 자리를 잡아가고 있습니다. 두 학교보다 개교가 조금 늦었던 신정중학교 또한 학업성취도가 급격히 상승하고 있습니다. 결국 송도동에 있는 모든 중학교들이 좋은 학교로 성장을 하고 있다는 이야기입니다.

그 외 학군 수요와는 조금 거리가 있지만 중요한 교육기관들로는 포스코자사고, 과학영재예술학교, 채드윅국제학교, 인천 글로벌캠퍼스, 연세대학교 송도캠퍼스, 인천대학교가 자리 잡고 있습니다. 모두 이제 시작 단계이거나 자리를 잡아가는 교육기관들이기에 시간이 흐를수록 그 본연의 가치를 드러낼 것입니다.

부동산이라는 커다란 물건에 투자를 하면서 짧은 시간만 생각하고 조급해 하는 사람들이 많습니다. 부동산 투자에 성공하기 위해서는 시간을 길게 보는 연습을 해야 합니다. 부동산에 투자해서 성공하는 사람들의 대부분은 장기 투자하는 사람들입니다.

앞에서도 강조했지만 장기적인 관점이 필요합니다. 금융자본의 중동 거점 도시인 두바이의 개발 역사를 보더라도 30년이 넘게 걸린 지금도 현재 진행형입니다. 동북아 거점 도시를 목표로 개발을 시작한 송도는 2002년에 출발했으니 이제 불과 14년을 조금 넘겼네요. 앞으로 장기적으로 나올 호재들이 많은 지역이라 긴 호흡으로 미래 가치를 보고 장기 투자를 하는 사람들에게 적당한 투자처가 될 수 있을 것입니다.

- 서울 3대 도심과의 대략적인 직선거리 : 강남도심 37km, 한양도심 36km, 영등포 · 여의도 도심 30km

- 주요 의료 시설 : 연세세브란스 병원(착공 미정), 국제병원 부지(착공 미정)

- 교통망 : 광역철도 GTX, KTX(예정), LTX(민간 제안)

- M버스(광역버스)

  M6724 : 송도더샵퍼스트월드 → 송도자이하버뷰 → 더샵엑스포빌리지 → 송도풍림아이원2단지 → 연세대 → 동춘역 → 선학역 → 강서세무소 → 합정역 → 홍대입구역 → 신촌오거리

  M6405 : 웰카운티 → 센트럴파크역 → GS자이아파트 → 풍림2,3차아파트 → 한진아파트 → 연세대송도캠퍼스입구 → 선바위역 → 서초아트자이아파트 → 서초역 → 교대역 → 강남역서초현대타워앞